大夏书系·精品校本课程

ZOUXIANG WEILAN
练文生 ◎ 主编

走向蔚蓝

海洋意识教育
校本教材

华东师范大学出版社
全国百佳图书出版单位
·上海·

图书在版编目（CIP）数据

走向蔚蓝/练文生主编.—上海：华东师范大学出版社，2021
海洋意识教育校本教材
ISBN 978-7-5760-1275-0

Ⅰ.①走... Ⅱ.①练... Ⅲ.①海洋学—小学—教材 Ⅳ.①G624.451

中国版本图书馆CIP数据核字（2021）第030271号

大夏书系·精品校本课程

走向蔚蓝——海洋意识教育校本教材

主　　编	练文生
策划编辑	朱永通
责任编辑	任媛媛
责任校对	杨　坤
装帧设计	淡晓库

出版发行	华东师范大学出版社
社　　址	上海市中山北路3663号　邮编　200062
网　　址	www.ecnupress.com.cn
电　　话	021-60821666　行政传真　021-62572105
客服电话	021-62865537
邮购电话	021-62869887　地址　上海市中山北路3663号华东师范大学校内先锋路口
网　　店	http://hdsdcbs.tmall.com

印　刷　者	北京季蜂印刷有限公司
开　　本	700×1000　16开
插　　页	1
印　　张	13
字　　数	123千字
版　　次	2021年4月第一版
印　　次	2021年4月第一次
印　　数	5 100
书　　号	ISBN 978-7-5760-1275-0
定　　价	58.00元

出　版　人	王　焰

（如发现本版图书有印订质量问题，请寄回本社市场部调换或电话021-62865537联系）

编委会

主　编
练文生

副主编
赵　军

文稿编撰（第一批）
赵　军　邱美珍　黄　方　何燕玲　黄巧冰　余冬梅　詹莉萍
徐　妹　邱水密　颜爱清　黄心勤　温海婴　张秀娇

文稿修撰（第二批）
林虹妹　陈爱霞　刘静莹　徐　敏　陈　姝　颜小玲　庄玉婷
游卓曦　叶　蕾　杨　琦　刘小青　郑斌琳　何怡君　林晓京
陈　晨　温芯芬　苏惠蓉

序　言

亲爱的同学们，厦门是一个美丽的海滨城市，我们伴随着蔚蓝的大海生活和成长。海洋是生命的摇篮，它有绚丽的色彩，壮美的景观，奇特的现象，丰富的宝藏，奇幻的故事，还有许多的未解之谜等待人类去探索。

我国是海洋大国。建设海洋强国，实现中华民族的伟大复兴是我们的梦想。就让这本书引领我们走进浩瀚的海洋，探索神秘莫测的海洋世界吧！

认识海洋，热爱海洋，保护海洋，我们就此启航。

让我们一起认识可爱的
学习小伙伴吧！

同学们，天心岛小学海洋动漫园里可爱的小雕塑变身为学习小伙伴啦！

嗨，我是海超人。一个有超能力的海洋战士，我的任务是让人类与海洋和谐共处。欢迎你们一起加入。

守护任务：蓝色任务

我是风趣、幽默的故事大王游迪，一位真正的旅行家。我见多识广，跟我在一起，保证让你有听不完的精彩故事。

守护任务：海洋趣谈

大名鼎鼎的八爪哥就是我！看我这灵活、能干的爪子，在大海的世界里做各种有趣的实验是我的拿手好戏。快来跟我一起去体验吧。

守护任务：小小实践家

嗨！我是集智慧、美貌于一身的白莉莉。活泼又聪明的我对神秘的海洋充满好奇，我们一起去寻找答案吧！

守护任务：海洋探秘

我是知识渊博的龟博士,海洋里发生的大大小小的事问我准没错。来吧,带你去看看我的资料库。

守护任务:知识小百科、小小资料库

嗨,我是喜欢聊天的小Q,来到我的朋友圈,保证大家有说不完的有趣话题!

守护任务:海洋话题

我是酷炫的威鲨!自信胆大,爱耍酷!快来互动吧,找我呦。

守护任务:互动吧

我是萌萌的呆呆鲀。看见我圆滚滚的肚子了吗?这可是一肚子"墨水",来瞧瞧我给你准备了什么礼物。

守护任务:阅读推荐

目 录

第一单元　有趣的世界——海洋奇观

第一课　蓝色的星球　　002
第二课　潮汐与洋流　　006
第三课　沿海地带　　010
第四课　海底奇观　　013
第五课　危险的大海　　017

第二单元　可爱的朋友——海洋动物

第一课　波涛中的庞然大物　　024
第二课　充满生机的冰天雪地　　033
第三课　千姿百态的鱼类　　045
第四课　狡猾多变的软体动物　　049
第五课　身披铠甲的大侠　　052
第六课　光怪陆离的海底森林　　055
第七课　五彩缤纷的小精灵　　060

第三单元　走进大自然——海洋植物

第一课　海藻　　068
第二课　海草　　074
第三课　红树　　077

第四单元　穿越航海史——海洋历史

第一课　伟大的航海家　　084
第二课　航海和船只　　088
第三课　探索海底世界　　092
第四课　海洋调查　　099

第五单元
丰富的宝藏
——海洋探索

第一课	海洋能源	108
第二课	海洋资源	110
第三课	海洋考古	114

第六单元
人类与海洋
——海洋奇缘

第一课	海洋旅游	118
第二课	海边娱乐与安全	122
第三课	跨海大桥与海底隧道	125

第七单元
辽阔的海疆
——海洋国防

第一课	祖国海疆	132
第二课	屈辱的历史	136
第三课	海防利器	139
第四课	走进军营	148

第八单元
我爱我的家园
——海洋保护

第一课	大海在哭泣	154
第二课	海洋环保 从我做起	156
第三课	未来计划	159

目 录

第九单元
大海啊，故乡
——精神家园

第一课	民间信仰与民俗活动	164
第二课	民族英雄	172
第三课	爱国华侨	178

第十单元
美丽厦门岛
——海丝寻梦记

第一课	穿越时空，重返海丝路	186
第二课	走近当代海丝路	188
第三课	我们的家，我们的海丝文化	190

后记 / 195

第一单元

有趣的世界——海洋奇观

你喜欢大海吗?

在这蔚蓝的大海里,隐藏着多少你不知道的秘密呢?

让我们一起去领略大海的奇妙,了解有趣的海洋世界,探秘海洋奇观吧!

第一课 蓝色的星球

50年前，一位美国宇航员在太空遨游时惊奇地发现，地球竟然是一颗蓝色的星球！这是怎么回事呢？原来，地球上大部分地区被蓝色的海洋覆盖着。海洋的面积占地球面积的三分之二以上，因此地球就有了"蓝色星球"之称。

小小实践家

我们一起在地球仪上找一找、看一看吧！

第一单元 有趣的世界——海洋奇观

知识小百科

【海洋是怎么形成的呢】

原始的地球形成于40亿年前，它像一个大火球，表面满是炽热的熔岩。后来，地球渐渐变冷，柔软的熔岩变成坚硬的岩石，组成地球的外壳（地壳），包围着地球的浓云化作倾盆大雨落到地面，形成无数个填满了低洼处的水潭。几亿年过去了，这些水潭慢慢扩大，便形成了海洋。

海洋趣谈：大海的"肤"色

小小资料库

舀一勺海水，你会发现，海水既不是蓝色的，也不是白色的，它就像自来水一样，是无色、透明的。是谁给大海涂上了颜色呢？

这是太阳光变的戏法！太阳光是由红、橙、黄、绿、青、蓝、紫七种颜色的光组成的。当太阳光照射到大海上，红光、橙光能绕过一切阻碍，不断被海水和海里的生物吸收；不容易被吸收的蓝光和紫光，就会散到周围，或被反射回来，我们看到的就是这部分被散出去或反射回来的光。海水越深，被散出去和反射回来的蓝光就越多，所以大海看上去总是那么蓝。

海洋趣谈：大海的味道

第一单元 有趣的世界——海洋奇观

海洋话题

为什么海水是咸的呢？

蓝色任务

"海"和"洋"一样吗

蔚蓝色的海洋美丽又壮观。地球上四通八达连成一片的海水，人们统称"海洋"。其实，海和洋是有区别的，请你查阅资料，把"海"和"洋"的区别记录下来，和同学们一起交流分享吧！

第二课　潮汐与洋流

你知道"漂流瓶的故事"吗？远在东海之滨投放的漂流瓶，竟然能在南非的海边捡到！你知道是为什么吗？

知识小百科

【洋流】

洋流，像海洋中的邮递员，又叫海流，就是大海里的河流。它像陆地上的河流一样，长年累月沿着比较固定的路线流动。洋流遍布整个海洋，既有主流又有支流，不断地输送着盐类、溶解氧和热量，使海洋充满活力。它分为暖流和寒流。

小小实践家

取一个脸盆，装半盆水，找一个小药瓶当作"漂流瓶"，将"漂流瓶"放于脸盆的一端，端起脸盆轻轻晃动，模拟洋流，看看小药瓶发生了什么？

第一单元 有趣的世界——海洋奇观

知识小百科

【潮汐】

只要你在海边观察，就会发现海面总是按时涨上来又退下去，天天如此，永不停顿，这就是潮汐。人们把白天海水的涨落叫作潮，晚上海水的涨落叫作汐。钱塘江大潮是世界三大涌潮之一，许多中外游客争相前往一睹这一自然奇观。

海洋探秘

潮汐形成的原因是什么？

潮汐的作用是什么？

潮汐对人类生活有什么影响？

我国有哪些著名的潮汐呀？

 小小资料库

潮汐是天体（主要是月亮和太阳）在引潮力作用下产生的海水周期性涨落运动，即在一昼夜内发生一次或者两次的水面上涨和下降。海水每天的高潮时间点是不同的，会随着天体的运动而变化。准确计算高潮时间点比较困难，这里介绍适合闽南地区的较为简单的经验公式：

农历十五日前：高潮时间 = 农历日期 ×0.8

农历十五日后：高潮时间 =（农历日期 −15）×0.8

你能算出今天的高潮时间吗？

【不可思议的事实】

如果把海洋比作"空调"，洋流就是空调上起疏通作用的"管道"。如果没有洋流，"空调"的作用就不理想了。洋流南来北往，川流不息，对全球热量平衡具有重要的作用，调节着地球上的气候。

世界上最大的洋流是墨西哥暖流，它汇聚了北赤道洋流和南赤道洋流的一部分，还接纳了大西洋暖水，使海湾变成巨大的热水库。它每年输送的热量使西北欧地区的气候变得温暖湿润。例如，如果没有墨西哥暖流，法国冬天的气温将低于零下40℃！（现在法国冬季平均气温为7℃）

 蓝色任务

【咔嚓咔嚓拍"潮汐"】

和家人一起去海边观察海水的涨落，欣赏大自然的美妙奇观，用手机、相机等拍摄工具记录下来，和同学、朋友、老师们一起分享，看看谁会是最敏锐的"小小海洋摄影家"！

> 快贴上你看到的精彩瞬间！

第三课　沿海地带

你会唱《外婆的澎湖湾》这首歌吗？"阳光、沙滩、海浪、仙人掌，还有一位老船长。"歌词中描绘了美丽的海边生活！在海洋和陆地之间的临界线是海岸，又称沿海地带。

小小实践家

海沧属于沿海地带。说到沿海地带，你最先想到了什么？沙滩、椰树、贝壳、红树林、悬崖……回忆一下，动手画一画，看谁平时观察最仔细！

知识小百科

【可爱的红树林】

红树植物是生长在热带海洋潮间带的一类木本植物群落。退潮以后,红树植物在海边形成一片绿油油的"海上林地"。我国广东、海南、台湾、福建沿海均有分布。红树林靠近热带海洋,相互混杂的红树根部为小鱼、甲壳类动物、水母、海星等提供了藏身之处。它们从刚刚孵化出来一直到幼年时期都藏在红树林中,长大后再返回大海。

福建漳州云霄——漳江口红树林国家级自然保护区

请在老师或家长的带领下,到海沧湾公园实地调查:看看海滩上有哪些常见的小动物?思考海滩上的石头有什么特点?

小小资料库

【神奇的海岸——巨人堤】

位于北爱尔兰海岸的这个怪异的自然地貌，高300米，是由冷却的熔岩流构成的，并形成一些由高到低的阶梯一直延伸到海滩。人们认为它是巨人建成的，因此叫它"巨人堤"。

看起来好雄伟啊！你还知道哪些沿海地带的奇妙现象或景观吗，快给我们讲讲吧！

海洋话题

沙子是怎么到达海滩的？冲上来的除了沙子，还有什么呢？

海水将岩石磨成小颗粒。

不仅有沙子，还有小贝壳呢。

因为有潮涨潮落的海水运动。

对！还有还有……我来讲！

第四课　海底奇观

同学们，你们知道海底深处是什么样的吗？海底有美人鱼吗？有孙悟空的定海神针吗？有住着龙王的龙宫和虾兵蟹将吗？

你知道海底里都有些什么吗？

知识小百科

【海底是什么样子的】

和陆地一样，海底拥有巨大高耸的山脉、平坦的深海大平原，还有无数丘陵和火山。海底的火山占了地球火山总量的90%呢！除此之外，海底还有地球上的最低点——深深的海沟。

海底不仅有珍贵的鱼类、贝壳、珊瑚等，还有沉没的船队，如玛丽·迪尔号珍宝沉没的"黄金船队"、日本"阿波丸"号沉宝之谜……

海底拥有丰富的石油、天然气、矿产。据科学勘察和推算，海底石油约有1350亿吨，占世界可开采石油储量的45%。目前，举世闻名的波斯湾是世界上公认的海底石油储量最丰富的地区之一。我国的南海、东海、南黄海和渤海湾都先后发现了油田。

海洋探秘

我们生活的地方——厦门海沧,也位于沿海地区,你看到的海沧的海是什么样的呢?海底有什么呢?你去过厦门的翔安跨海隧道吗?对它了解吗?

小小资料库

关于海沧:海沧三面环海,有着26千米曲折绵延的海岸线,大小岛屿星罗棋布,与厦门岛交相辉映,相得益彰,被誉为"天然良港"。20世纪,孙中山先生在《建国方略》中就提出把海沧建成"东方大港"的宏伟构想。未来的海沧,一定会更美好。

海底火车站:日本已于1991年年底正式建成并启用海底火车站。该车站深入海底145米,位于日本津轻海峡之下,连接本州和北海道。乘客来到海底车站,犹如置身海底水族馆,可通过玻璃看到外面的海底世界。

【我是海沧小卫士】

浩瀚的海洋，肯定还有许多新奇的事物等着我们去探索。查阅资料，做一份关于《海底奇观》的手抄报，并想出一条新颖的标语来宣传海沧这个美丽的海滨城市，一起来保护海沧的海底世界吧！

快来制作一份手抄报吧，记得还有新颖的海沧宣传标语哦！

第五课　危险的大海

嘿，同学们，你们知道吗？在我们眼里平静广阔的大海，其实暗藏着许多危险！海水时刻在运动着、变动着。这种变动有短期的，如日变动、季节性变动、年变动和偶发性变动等，主要与海浪、潮汐、大气压、海水温度、盐度、风暴、海啸等有关。勇敢的你，快快跟着道道去海洋里一探究竟吧！你会发现大海究竟有多可怕，还能学到很多知识呢！

知识小百科

【暴脾气的海啸】

海啸是发生在海洋里的一种可怕的灾难。当海底发生地震、火山或水下塌陷和滑坡时，就会引起海水的巨大波动，产生海啸。海啸发生时，高达几十米甚至上百米的海浪不仅会掀翻船上的船舶，造成人员伤亡，还会破坏沿海陆地的建筑。

> 海啸脾气好大啊，一下子掀起这么高的大浪！

【席卷一切的台风】

> 台风风力太凶猛了，你看，大树都快倒了！

发生在热带海洋的风暴吹过海面时可以掀起10多米的巨浪。它推进到岸边，会叠起一片浪墙，汹涌上岸，席卷一切。这种风暴，给人类带来灾难，导致建筑物倒塌和沉没、农作物倒伏和落果。

【迷雾重重的海雾】

每到春暖花开、由冷转暖的时候,我国沿海经常会出现迷雾、毛毛细雨的天气,能见度显著降低,甚至相距几米也不见踪迹。海雾是海洋上的危险天气之一,它能使客船、商船、渔船、舰艇等偏航、触礁或搁浅。

> 海和城市都看不见了,什么都看不见,得多危险啊!

大海无边无际、深不见底,本身就是一种危险。海底虽然广阔、神奇,令我们大开眼界,但在大海深处,经常会遇到一些危险的海洋生物,如鲨鱼、水母、海蛇、芋螺、毒鲉等。我们一起去看看危险的海洋生物吧!

> 危险的生物,肯定是鲨鱼了!它还是个贪吃鬼呢,你看它满嘴尖尖的牙齿,感觉被咬一定会很疼的。

> 不过,鲨鱼一般不主动攻击人类,除非你身上有血腥味。

> 你说这世上有没有那种非常大的鲨鱼,要是有就太可怕了。人类这么小,很容易被吃掉的!

> 当然有了!长达30米,但在260万年前就已经绝种了。你看图片,就知道它吃掉人是多么容易了。

第一单元 有趣的世界——海洋奇观

我就是很凶很猛很爱吃的鲨鱼!

鲨鱼,被一些人认为是海洋中最凶猛的鱼类之一。大多数鲨鱼会把它们能够吃到的东西都吞下去,如海龟、海狮、海鸟、船只残骸、食品罐头……有人甚至在一头鲨鱼的胃里找到了一双长筒靴。

最毒的鱼!

什么,你说我很丑?别看我丑,大家都很怕我哦!因为我是海底世界最危险的鱼类之一,毒性最高,我叫石鱼。

要说世界上的毒蛇排名,我排老大!你问我生活在哪里?当然是海里了,所以我叫海蛇!

最毒的蛇!

019

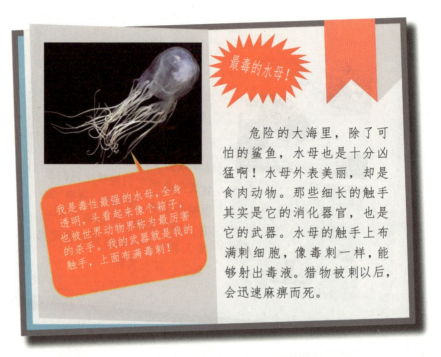

最毒的水母！

我是毒性最强的水母，全身透明，头看起来像个箱子，也被世界动物界称为最厉害的杀手。我的武器就是我的触手，上面布满毒刺！

危险的大海里，除了可怕的鲨鱼，水母也是十分凶猛啊！水母外表美丽，却是食肉动物。那些细长的触手其实是它的消化器官，也是它的武器。水母的触手上布满刺细胞，像毒刺一样，能够射出毒液。猎物被刺以后，会迅速麻痹而死。

海洋话题

海洋的危害有哪些呢？去图书馆或上网查阅资料，大家一起说一说。

海洋除了有很多危险的生物，还有哪些危险呢？

为什么身在大海中反而会面临渴死的危险？

水母是怎样预知风暴的？

我知道……

小小资料库

【海有"病",人知否】

赤潮不一定都是红色的,可因引发它的生物种类和数量而呈现出不同的颜色。除了红色之外,还有橘红色、金褐色、紫色等。五颜六色的赤潮,犹如倒映的"彩虹",然而,它没有丝毫诗意可言。

一位直升机的驾驶员,讲述了他曾经遭遇的赤潮:"那天正是夏末秋初,我驾机在渤海上空盘旋执行任务,发现有一大片海水在阳光下泛着红褐色,像西红柿汤一样,大概有3000平方千米,真是太恐怖了!"

S—O—S,海洋在呼救……

海洋趣谈

【世界真奇妙】

如果你潜入海里,在距离海面500米的地方,会看到海水是碧绿的;在1000米的深度,海水是暗蓝色的;一旦下潜到2000米时,周围就变成一片黑暗了。

越潜越深,越深越黑。大海真是神秘啊!

第二单元

可爱的朋友——海洋动物

同学们，你知道鲨鱼长了几排牙齿吗？蓝鲸宝宝有6米长吗？珊瑚礁是怎样形成的吗？

一提到海洋动物，你一定会想到蔚蓝海水中的各种游鱼。其实，它们只是海洋动物中极小的一部分。从科学家的研究成果来看，地球上的生命就是起源于大海的，经过几十亿年的进化，广阔的海洋已经成了一个生命的大乐园。从喧闹的海岸到深邃的海底，海洋大家庭里生活着18万种动物。它们中有大家熟悉的小丑鱼、海豚、大白鲨，也有很多奇怪的动物，如比目鱼的两只眼睛长在脸的同一侧，像一匹直立小马的海马居然是鱼……

让我们一起走入海洋动物的世界，观察大海里的动物吧！你会发现它们是怎样生活的，还可以学到很多有趣的知识呢！

第一课 波涛中的庞然大物

海洋里的动物千奇百怪,有了它们,神秘的大海才充满生机。一些动物的个头特别大,它们是名副其实的海洋霸主。

知识小百科

【最大的海洋动物——鲸】

鲸是世界上体形最大的动物,生活在深海里。鲸用肺呼吸,它们不是鱼,而是生活在海洋里的哺乳动物。鲸有两大类:一类是没牙的须鲸;一类是有牙的齿鲸。

蓝鲸:又叫"剃头鲸",在鲸家族里个头最大,是地球上现存最大的哺乳动物。一头成年蓝鲸能长到33米,平均体重150吨,刚生下的幼鲸比一头大象还重。蓝鲸主要吞食浮游生物,比如鱼虾、水母和海藻等。一般来说,一头蓝鲸每天要吃2~4吨磷虾。

虎鲸： 大型齿鲸，是鲸家族中最凶猛的一种。捕食鱼类、海豚、海豹等，有时还袭击须鲸，甚至是大白鲨，因此号称"海上霸王"。虎鲸喜欢成群结队地行动，捕食时还会耍诡计：腹部朝上，一动不动地漂浮在海面上静候猎物上钩。

> 我的身体最长可到9米，头部像圆锥，肚皮是白色的，背部是黑色的，中间竖着高高的背鳍。

抹香鲸： 世界上最大的齿鲸，由于在所有鲸类中潜得最深、最久，又称动物王国中的"潜水冠军"。抹香鲸长相十分怪异：头重尾轻，宛如巨大的蝌蚪。它的鼻子也很奇特，左鼻孔畅通，右鼻孔却是堵塞的。

2000年3月11日，厦门海域出现一只死亡的抹香鲸，乃迄今国内最大的抹香鲸个体，全长18.6米，重46吨。厦门海底世界按照国家有关规定和程序接收了这只巨大的鲸鱼，制作了成皮和骨架两副标本。

- 为什么虎鲸被称为"海上霸王"？
- 动物王国中的"潜水冠军"是谁呢？
- 鲸鱼是不是鱼呢？
- 你知道鲸为什么会搁浅吗？
- 救助搁浅的鲸，最好的办法是什么？

去图书馆或上网查阅相关资料，然后和同学一起交流。

小小实践家

有机会的话，和家人一起去厦门海底世界参观一下，不要忘记去看看那两副抹香鲸的标本哦。

知识小百科

【海洋世界的终极杀手——鲨鱼】

鲨鱼是海洋中的大型食肉鱼类。目前，全世界共有375种鲨鱼，生活在中国的有70余种。它们的身长从20厘米到14厘米不等，形态各异。鲨鱼是海洋中最恐怖的"恶魔"，令人望而生畏。但事实上，在375种鲨鱼中，只有20多种对人类有威胁。

大白鲨：体形庞大，一般有 7 米长，最长的可达 12 米，是鲨鱼家族中最有名的杀手，嗜血成性。它们不但捕杀海豚、鱼和海龟，还会攻击游泳的人。它的嗅觉非常灵敏，能闻到数千米以外的血腥味儿。它们锋利的牙齿一旦咬住猎物，绝不会让它们轻易逃脱。

> 我是游泳高手哦，速度最高可达 69 km/h，是奥运百米冠军速度的近两倍。

鲸鲨：世界上现存最大的鱼类，一般生活在暖温性大洋海区的中上层，性情温和，不攻击人，又称"斯文的鱼中巨人"。它平时游速缓慢，常漂浮在水面上晒太阳，但潜水时动作敏捷。

鲸鲨通常体长 10 米左右，最大为 20 米，体重 10～15 吨，是最重的大象的两倍左右。它虽然"身高马大"，但牙齿又小又细，喉咙也很小，只能通过鳃耙形成的海绵状"过滤器"滤食小鱼、小虾等浮游生物。

> 我的牙齿很细小，宽大的嘴巴里大约长了 3000 颗。我不用它们来撕咬食物，也不用来咀嚼食物。我吃饭总是花很长时间！

锤头鲨： 宽大的头部向两侧突出，呈锤头状，因此又叫双髻鲨。它头部每个突起上各有一只眼睛和一个鼻孔，由于远远分开，对观察情况、辨别气味非常有利。别看它外形漂亮，性格可一点都不温柔。它不仅爱吃各种鱼类，甚至还吃其他鲨鱼，是个贪婪的掠食者。锤头鲨快速、凶猛，长久以来都被认为是可怕的吃人鲨类。

我的两只眼睛虽然离得很远，但是通过机智的脑袋来回摇晃，可以看到周围360度范围的区域哦！

海洋探秘

鲨鱼的牙齿是动物中最多的，强劲有力，像一把把锋利的尖刀。你知道它一生要换多少牙齿吗？请查找相关资料，然后把调查结果和家长或同学说一说。

【不可思议的事实】

永远健康：鲨鱼是动物世界中已知的唯一一种不会生病的动物，它们对包括癌症在内的所有疾病都具有免疫力。

威力无比的尾巴：长尾鲨最常用的捕食手段是拍打着长尾从鱼群中游过，所到之处鱼不是被打晕，就是被拍死。

最灵敏的鼻子：牛鲨虽然视力不好，但嗅觉特别灵敏，可以嗅出稀释在10万升水里的一滴血的气味。

【海之骄子——海豚】

海豚是令人喜欢的动物之一，其实它是生活在水里的哺乳动物，也是最小的鲸类，只是人们习惯叫它海豚而已。海豚的背部一般为发蓝的钢灰色或瓦灰色，到腹部逐渐过渡为淡色。海豚喜欢群居，常常数百只群体出游，并驾齐游。

"我是世界最濒危的12种动物之一。但由于环境被破坏,2007年,我被正式宣布灭绝。"

白鳍豚: 又叫"长江神女""水中大熊猫",是我国特产珍稀动物。1986年被列为世界最濒危的12种动物之一,2007年这个比大熊猫更古老、更稀有的物种被正式宣布灭绝。白鳍豚一般全身灰白,体态娇美,皮肤滑腻,嘴长似剑,眼小如豆,耳小像针,上下颌密布130多颗小牙,圆圆的鼻孔长在头顶,用肺呼吸,但像鱼一样靠尾鳍游动。

瓶鼻海豚: 由于上下颌较长,故得名,又叫宽吻海豚。此类海豚真正的鼻孔是头上的喷气孔,脸看上去总像在微笑,牙齿长4~5厘米,是海豚科中牙齿最大的。瓶鼻海豚喜欢群居,常在靠近陆地的浅海地带活动。它们的理解能力较强,讨人喜欢,又生性好奇,经过人工训练,可以进行公众观赏表演。

第二单元 可爱的朋友——海洋动物

中华白海豚：又称印度太平洋驼背豚，而"中华白海豚"只是中国内地、香港地区居民给它的本地称号。它一般会从出生时的深灰色慢慢褪淡为成年的粉红色。中华白海豚的外呼吸孔呈半月形，开放于额头顶端，呼吸时头部与背部露出水面，直接呼吸空气中的氧气，并发出"Chi-Chi"的喷气声。

海洋探秘

- 白海豚身上的粉红色是色素造成的吗？
- 中华白海豚呼吸的时候，是在水里面吗？
- 海豚为什么会救人？
- 白鳍豚是我国特产珍稀动物，它还有什么好听的名字？

　　海豚是人类的朋友，拥有超常的智慧和能力。让我们一起更深入地认识它吧。请查阅相关资料，和大家说一说为什么把海豚称为"海上救生员"？

中华白海豚是国家一级保护动物,主要分布在我国的东南部沿海。20世纪80年代前,在厦门海域随处可见中华白海豚,常可目睹海豚跃出海面欢腾嬉戏的壮观。80年代后,由于环境破坏,白海豚失去了良好的栖息环境,如今在厦门也成了极为珍贵、难得一睹的物种。1997年8月25日,经福建省人民政府批准建立厦门中华白海豚省级自然保护区(非封闭式)。2000年4月4日,经国务院批准组建厦门珍稀海洋物种国家级自然保护区。

厦门珍稀海洋物种国家级自然保护区的中华白海豚

> 海豚是海里的小精灵,它们活泼可爱,总是送给人类暖暖俏皮的笑容。我们一定要爱护它们呀!

第二课 充满生机的冰天雪地

地球的南极和北极，一年四季都十分寒冷。附近的海面，至少有半年是冰雪的世界。不过，在这冰天雪地的世界里依然充满生机，到处都有海洋动物的身影。

知识小百科

【北极的主宰——北极熊】

北极熊是世界上最大的陆地食肉动物，又名白熊。雄性北极熊身长240~260厘米，体重一般为400~800千克。雌性北极熊体形约比雄性小一半，身长190~210厘米，体重200~300千克。冬季睡眠时刻到来之前，由于积累了大量脂肪，它们的体重可达800千克。北极熊的视力和听力与人类相当，但嗅觉极为灵敏，是犬类的7倍。它也是游泳高手，能游几十千米，或在冰水里待几个小时，也不会生病。在茫茫的冰雪中，一身白毛是北极熊最好的保护色，使它在冰雪中靠近猎物时不易被发现。

【分布范围】

北极熊生活在北极。它们把家安在北冰洋周围的浮冰和岛屿上，还有与大陆相邻的海岸线附近，基本呈环状分布。

食性： 北极熊在熊科动物家族中属于正牌的食肉动物，98%的食物是肉类。它们主要捕食海豹，也捕捉海象、白鲸、海鸟、鱼类、小型哺乳动物。在夏季，它们偶尔也会吃点浆果或者植物的根茎。

休眠习性： 一般来说，北极熊在每年的3～5月非常活跃，为了觅食辗转奔波于浮冰区，过着水陆两栖的生活。在严冬，北极熊大大减少外出活动，几乎可以长时间不吃东西，寻找避风的地方卧地而睡。它们并非如蛇等动物冬眠，而是似睡非睡，一旦遇到紧急情况便立即惊醒，应付变故。

小小资料库

目前，生活在世界上的北极熊大约有2万只，数量相对稳定。为了保护它们的生存，1972年，美国就颁布过法律，除了生存需要，禁止捕猎北极熊。1973年，北极圈内的国家，包括美国、加拿大、挪威、丹麦和苏联更进一步签署了保护北极熊的国际公约。由于全球气温升高，北极的浮冰逐渐融化，北极熊昔日的家园遭到一定程度的破坏，猎物相应减少。未来，北极熊恐怕不得不依赖人类更多的保护措施。

知识小百科

【南极绅士——企鹅】

企鹅是地球上数一数二的可爱动物。世界上总共有18种企鹅,它们全都分布在南半球。据鸟类学家长期观察和估算,南极地区现有企鹅近1.2亿只,占世界企鹅总数的87%,占南极海鸟总数的90%。和鸵鸟一样,企鹅是一群不会飞的鸟类。但根据化石显示的资料,最早的企鹅是能够飞的哦!直到65万年前,它们的翅膀慢慢演化成能够下水游泳的鳍肢,成为目前我们所看到的企鹅。

【身体结构】

企鹅身上特殊的羽衣,不但海水难以浸透,就算气温在零下近100℃,也休想攻破它保温的防线。企鹅双眼由于有平坦的眼角膜,所以可在水底及水面看东西。企鹅双脚骨骼坚硬,比较短及平。这种特征配合犹如一只桨的短翼,使企鹅可以在水底"飞行"。

天敌：企鹅的天敌是海豹。只要企鹅下水，它就会快速游过去，吃掉企鹅。

企鹅种类：企鹅身体肥胖，原名是肥胖的鸟。但是因为它们经常在岸边伸立远眺，好像在企望着什么，因此人们便把这种肥胖的鸟叫作企鹅。现存于世界的企鹅有18种，南极企鹅有7种：帝企鹅、阿德利企鹅、金图企鹅、帽带企鹅、王企鹅、喜石企鹅和浮华企鹅。这7种企鹅都在南极辐合带中繁殖后代。

第二单元 可爱的朋友——海洋动物

海洋话题

因全球变暖等影响，栖息地受到严重威胁的北极熊数量正在急剧减少。人类应该怎样保护它们呢？

不要把工业垃圾排向北极。

禁止捕杀北极熊。

推崇低碳生活，遏制气候变暖。

对！还有还有……我来讲！

小小资料库

【不可思议的事实】

奇特的皮肤和毛： 北极熊虽然周身覆盖厚厚的白毛，得名白熊，但它的皮肤却是黑色的，从鼻头、爪垫、嘴唇及眼睛四周的黑皮肤就能看见它们的皮肤原貌。黑色的皮肤有助于吸收热量，是保暖的好方法。北极熊的毛非常特别，是无色透明的中空小管子，但看起来是白色的。这是由于光线的折射、散射，变成了白色的保护色。

伟大的父母：雌企鹅怀孕期间，差不多30天不进食，但产完蛋便到海里觅食，恢复体力。随后，雄企鹅不吃不喝站立60多天孵蛋，靠消耗自身脂肪维持体能。

齐心协力对抗严寒：为了在零下50℃的环境里生存，企鹅一个挨一个紧紧地靠在一起，形成紧密的群体。那些暴露在寒风里的企鹅会钻到中间取暖，中间的企鹅则去代替它的位置，这样它们协同配合，共同度过寒冬。

企鹅也怕冷，大家抱团取暖，大家庭太有爱了！

知识小百科

【滑稽演员——海豹】

圆圆的眼睛,长长的胡子,样子很可爱!海豹是肉食性海洋动物,大部分时间栖息在海中,换毛、繁殖时才到陆地或冰块上生活。海豹的前脚比后脚短,耳朵极小,游泳时大都靠后脚,但后脚不能向前弯曲,所以在陆地上只能弯曲爬行,不能行走。

地理分布:海豹主要分布在北极、南极周围及温带或热带海洋中。全球海豹共有18种,分布在寒冷的两极海域,北极地区有7种,南极地区有4种。南极海豹生活在南极冰源,由于数量较少,已被列为国际一级保护动物。

生活习性:海豹生活在寒温带海洋中,大部分时间在海中游泳、取食或嬉戏,以鱼类为主要食物。海豹是鳍足类中分布最广的一类动物,有鼻子能膨胀的象海豹、头形似和尚的僧海豹、身披白色带纹的带纹海豹、体色斑驳的斑海豹。海豹的身体不大,仅有1.5~2.0米长,最大的个体重150千克,雌兽略小,重约120千克。海豹整日游泳戏水,生动活泼,实在惹人喜爱。若加以训练,它还会表演玩球等节目。

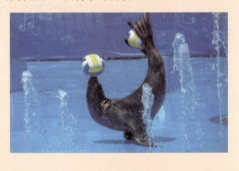

海豹身体浑圆，形如纺锤，显得膘肥体胖。海豹爬行的动作非常有趣，因此常引起观者的阵阵笑声。

海豹的游泳本领很强，速度可达每小时27千米，同时又善潜水，一般可下潜100米左右。南极海域中的威德尔海豹则能潜到600多米深，持续43分钟。

> 我这么可爱，要爱的抱抱，请保护好我哦！

价值及保护： 海豹的经济价值极高，皮质坚韧，可以用来制作衣服、鞋、帽等抵御严寒。正因如此，海豹遭到了严重的捕杀。特别是美国、英国、挪威、加拿大等国每年派出众多装备精良的捕海豹船在海上大肆掠捕。许多海豹，特别是格陵兰海豹和冠海豹的数量急剧下降。由于滥捕乱猎和海水污染，现在海豹的种群数量在急剧下降。为了保护海豹这种珍稀动物，拯救海豹基金会在1983年决定每年的3月1日为国际海豹日。

知识小百科

【潜水高手——海象】

海象，顾名思义，即海中的大象。它身体庞大，皮厚而多皱，有稀疏的刚毛，眼小，视力欠佳，长着两枚长长的牙。与陆地上肥头大耳、长长的鼻子、四肢粗壮的大象不同的是，它的四肢因适应水中生活已退化成鳍状，不能像大象那样步行于陆上，仅靠后鳍脚朝前弯曲，以及狭牙刺入冰中的共同作用，才能在冰上匍匐前进。

体态特征：海象身长可达 5 米，体重达 1.5 吨。最引人注目的是那一对巨大的长牙，雄雌皆很大，这是它和其他鳍脚类动物不同的地方。这对长牙是海象不可或缺的工具或武器。海象一天到晚在冰上或海岸上睡懒觉，看起来似乎很笨重，但在水中却很能敏捷地活动。

生活习性：海象性喜群居，数千头簇拥在一起。夏季一来，它们便成群结队游到大陆和岛屿的岸边，或者爬到大块冰山上晒太阳。

海象视觉差，两眼眯得像缺乏活力的老头子。它们爱睡懒觉，一生中大多时间是躺在冰上度过的，也能在水里睡觉。海象的嗅觉和听觉十分灵敏。当它们睡觉时，有一只海象在四周巡逻放哨，遇有情况就发出公牛般的叫声，把酣睡的海象叫醒，迅速逃窜。在陆地上，它是实行"斋戒"的，不吃任何东西。海象习惯回到"老家"繁殖，每胎产一仔。它们年年如此，从不会迷路。

【特点】

潜水能手：海象一般能在水中潜游 20 分钟，潜水深度达 500 米。海象潜入海底后，可在水下滞留 2 小时，一旦需要新鲜空气，只需 3 分钟就能浮出水面。

利用声音定位捕食：海象习惯生活于海洋中的深水海域，靠声音定位进行捕食。

数量及保护：海象是一种珍稀动物，也是一种经济海兽。由于多个国家的竞相猎捕，海象的数量正从二三世纪前的数百万头锐减至今天的大约 7 万头。海象有强烈的群居习性，如有同类受伤，它们必定前去帮助，绝不会因自身安全而离弃不顾，这使得它们易被人捕获。在 1972 年制定的国际海洋哺乳动物保护条例中，已经把海象列为保护对象，禁止任意捕杀。

"小宝贝，将来你也会有长长的牙"，人类会保护好我们的！

"妈妈，我也会有长长的牙吗？这样我就可以保护家人了！"

第二单元 可爱的朋友——海洋动物

海洋探秘

海豹主要生活在什么地方？

海象是靠什么本领来捕食的？

海象长长的牙齿有什么重要作用啊？

什么时候海象被列为保护动物，禁止任意捕杀？

全球共有18种海豹，分布在寒冷的两级海域。请查阅相关资料，看看谁找到的海豹种类最多，还可以把你的调查结果做成幻灯片和同学们一起交流。

厦门的海底世界就有海豹表演馆，你可以仔细观察可爱的海豹表演，并拿起手中的画笔，把它滑稽、精彩的表演画下来。

043

小小资料库

【不可思议的事实】

潜水高手：不是不能潜，只是懒得玩，一直被忽视的海象竟然是潜水冠军！海象潜水深度达500米，个别甚至达1500米，远超一般军用潜艇的300米。

灵敏的嗅觉：小海豹能通过气味，从数百头海豹中辨认出自己的妈妈。

神奇的耳朵：海豹的耳朵极小，退化成两个洞，在水中可自由开闭。

柔韧冠军：只要海象挺起胸膛就能把头和尾连在一起，所以也被称为柔韧冠军。

小小实践家

我是不是很可爱！相信你一定会保护我的，对吗？你愿意作为我的守护人吗？把你画在我旁边保护我吧！

第三课　千姿百态的鱼类

在浩瀚无垠的海洋里，生活着多达 18 万种海洋动物。其中，鱼类五花八门、难以计数、千姿百态，令人叹为观止。

海洋话题

同学们最想了解关于海洋鱼类的哪些问题？赶快把自己的想法和同学说一说吧。

知识小百科

蝴蝶鱼

猛一看蝴蝶鱼长着四只眼睛，原来它的尾部长着类似眼睛的黑色斑点。它主要栖息于佛罗里达海岸暗礁之中。蝴蝶鱼是终身单一配偶，因此经常看到蝴蝶鱼是两条在一起。当两条蝴蝶鱼面对面，多像一只色彩斑斓的蝴蝶呀！

神仙鱼

神仙鱼体小呈椭圆形，体色金黄，眼部有棕褐色带，嘴呈银白色，鳃盖有一条黑带，下颌黑色。背鳍满是蓝色花纹，边缘黄色；臀鳍深蓝色，有黑色花纹；尾鳍黄色。

豹蟾鱼

豹蟾鱼长着大而扁平的头，嘴部也很大，身体上有许多肉状突起。它主要活动在暗礁和石缝之间，以软体和甲壳类动物为主食。

第二单元 可爱的朋友——海洋动物

矛高鳍鱼

它看着是不是很像一把折叠刀,所以又名折叠刀鱼。矛高鳍鱼幼年时期与石首鱼十分相似。

蝠鲼

这个像蝙蝠一样的大家伙叫蝠鲼,也叫"魔鬼鱼"。你看那一对胸鳍,多么宽大,舒展开竟有8米长!不过,它只是样子吓人,性情其实非常温和,只喜欢吃浮游生物和小鱼。蝠鲼游泳的姿势非常美,就像翱翔的大鹏鸟,有时也会跃出水面,在空中翻一个漂亮的筋斗哦!

海洋探秘

- 最不像鱼的鱼类是什么?
- 鲨鱼一般有哪几种繁殖方式?
- 飞鱼为什么要飞行?
- 为什么蝴蝶鱼又号称"海中鸳鸯"?
- 为什么小海马是从爸爸的肚子里生出来的?

【查资料】：去图书馆或上网查阅海洋鱼类相关知识，完成一份海洋鱼类调查表。

【调查访问】：实地参观厦门海洋博物馆，了解各种海洋鱼类知识。

【做报告】：请同学们根据收集的资料进行讨论，合作完成一篇报告。

提示：中国海钓网—海洋鱼类。

通过这个主题的学习，你有哪些收获和感想？和同学们交流一下吧！

我们做一个海洋鱼类的图片展示吧！

我们把研究的内容制成幻灯片吧！

第四课　狡猾多变的软体动物

深邃的海洋，无奇不有，千奇百怪，各显"神通"。章鱼和人们熟悉的墨鱼一样，并不是鱼类，它们都属于软体动物。中国海洋中，记录到的各类软体动物共有2557种，如石鳖、贻贝、珍珠贝、扇贝、牡蛎、文蛤、乌贼、章鱼等，约占中国全部海洋生物物种的1/8。这些很多同学都品尝过。现在，让我们一起来看看吧。

知识小百科

乌贼

乌贼，又叫墨斗鱼，但它不是鱼，而是软体动物。乌贼大约有600种，最大的一种叫大王乌贼，是世界上最大的无脊椎动物。

章鱼

章鱼与众不同的是，它有八只像带子一样长的脚，弯弯曲曲地漂浮在水中。渔民又把章鱼称为"八爪鱼""八带鱼"。

小小资料库

地球上有一对从不妥协的宿敌，每当他们进行殊死搏斗时，总是竭尽全力相互猛击，激烈程度为世间罕见。这一对对手是世界上两种力气最大、最凶猛的动物：一方是最大、最可怕的无脊椎动物代表大王乌贼；另一方是最大的脊椎动物代表抹香鲸。只有广阔无垠的大海才能作为这两类超级大力士的战场。

章鱼是海洋里的"一霸"。它们有点欺软怕硬，碰到比自己厉害的对手，就施展逃跑战术，如果碰到不及自己的对手必然战斗到把对方打败为止。它们力大无比、残忍好斗、足智多谋，不少海洋动物都怕它。它们之所以能在大海里横行霸道，与它有着特殊的自卫和进攻的"法宝"分不开。

"聪明的人类，有没有看出我们之间的区别呀！"

"别把我们搞错了哦。仔细观察，就不会分不清楚啦！"

▲乌贼　　▲章鱼　　▲鱿鱼

水母是海洋中重要的大型浮游生物。水母寿命很短，平均只有数个月。水母的出现比恐龙还早，可追溯到 6.5 亿年前。水母的种类很多，全世界大约有 250 种。

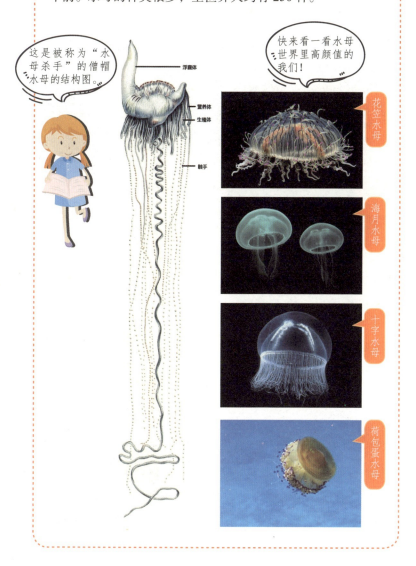

这是被称为"水母杀手"的僧帽水母的结构图。

快来看一看水母世界里高颜值的我们！

浮囊体
营养体
生殖体
触手

花笠水母

海月水母

十字水母

荷包蛋水母

第五课　身披铠甲的大侠

知识小百科

鹦鹉螺是有着螺旋状外壳的软体动物。你想不到吧，它可是现代章鱼、乌贼类的亲戚。整个螺旋形外壳光滑如圆盘状，就像鹦鹉嘴，因此得名。鹦鹉螺共有7种，仅存于印度洋和太平洋海区。螺已经在地球上经历了数亿年的演变，但外形、习性等变化很小，被称作海洋中的"活化石"。

这是顽皮的扇贝。它一会儿撑开外壳露露脸，一会儿又把它关上。海星是它最重要的敌害。它广泛分布于世界各海域，以热带海的种类最为丰富。我国已发现约45种。

比起鹦鹉螺和扇贝，笔螺的外壳很漂亮。你看它像不像毛笔的笔头。它的英文名为主教冠螺。它普遍分布在印度太平洋区域。

第二单元 可爱的朋友——海洋动物

对于大多数动物来说，随着年龄的增长，各种身体机能开始逐渐下降，生存率越来越低。但龙虾是个例外。它的速度、体力、胃口、繁殖等方面不会随着年龄的增长而下降。也就是说，即使龙虾有100岁了，它还是一如既往。

海洋探秘

走向蔚蓝
ZOUXIANG WEILAN

互动吧

通过这个主题的学习，你有哪些收获和感想？和同学们交流一下吧！

我的收获是：_____

第六课　光怪陆离的海底森林

海底是个童话般神奇美丽的世界。这里不仅栖息着各种贝类与甲壳动物，还有美丽的珊瑚礁。太阳升起来了，强烈的阳光射穿了海面，珊瑚礁因此显得光怪陆离，就像一片片五颜六色的海底森林。

知识小百科

珊瑚礁就像水下美丽的花园，它们生长在温暖的浅水域，是多种鱼类和其他动物的栖息地。珊瑚礁是由珊瑚组成的。有的珊瑚像树枝，有的像花丛，有的像鹿角，有的像假山，可以说是姿态万千、奇异迷人。它们有白的、蓝的、黑的、红的、粉红的、橙红的，真是太美丽了！

世界上著名的珊瑚礁： 澳大利亚的大堡礁是世界上最大的珊瑚礁；中美洲洪都拉斯的罗阿坦堡礁是世界上第二大的珊瑚礁。

珊瑚是由珊瑚虫和它们的骨骼遗骸构成的。珊瑚虫是一种腔肠动物,有米粒大小,身体像圆筒,中央有口,口的周围长着一圈触手。它们在温度较低的海水中不能存活,所以珊瑚礁只会存在于热带的浅海里。

不可思议的是,珊瑚的生长速度十分缓慢,每年最多生长1厘米。故长成高约半米的珊瑚,需要成百上千年呢!

海洋趣谈:珊瑚知多少

珊瑚从外观形态分有石珊瑚和软珊瑚。石珊瑚又称硬珊瑚,是珊瑚家族中重要的一类,全世界共有1000多种,大部分布在印度洋—太平洋海域,仅68种分布在大西洋—加勒比海。这些珊瑚在生长过程中分泌碳酸钙骨骼,就是它们创造了巨大的珊瑚礁。

提子珊瑚拥有如长葡萄一样的触手,故而得名。它们主要生长在水深5～15米的珊瑚礁海域,靠吸收自身共生藻和捕食浮游生物为生,分布并不广泛,以我国南沙、印尼、东非沿海常见,其他海域非常稀少。

第二单元 可爱的朋友——海洋动物

你知道我是什么珊瑚吗?

没错,它的名字就如它的样子,叫纽扣脑珊瑚。它也是石珊瑚的一种。纽扣脑珊瑚直径在1～3厘米,色彩极其丰富,红、绿、蓝、褐及各种杂色花纹应有尽有。它们分布在印度洋至太平洋地区,赤道附近的品种比其他地区鲜艳许多。

您看起来很像一枚枚纽扣呀!

红扇珊瑚

鹿角珊瑚

气泡珊瑚

海洋探秘

美丽壮观的珊瑚真让人眼花缭乱啊!我要去搜索更多的珊瑚,认识它们!

我们将收集好的资料制作成一个图片展示吧。

是啊,色彩艳丽、形状各异的珊瑚给珊瑚礁穿上了华丽的衣裳,这真是一座美丽的海底森林!

可是,你们知道吗?这美丽的海底森林正濒临灭绝呢!你们看看!

小小资料库

地球的健康与珊瑚礁密不可分——珊瑚礁养活着四分之一的海洋物种，以及 10 亿人口。珊瑚礁可以保护海岸线免受风暴的侵蚀，能应用于医学研究治愈癌症、关节炎及细菌或病毒感染等疾病。可是，世界各地的珊瑚礁面临着严峻的生态灾难，如海洋温度升高和酸化、过度捕捞、污染、沿海发展和农业径流等。如果不及时加以干预，就有可能失去所有的珊瑚礁。由于珊瑚礁可以产生氧气，这就意味着失去珊瑚礁会严重影响到人类的健康。

活珊瑚

死珊瑚

我国是最早开发和使用珊瑚的国家之一。《山海经·海中经》中详细地描述了打捞不到整株珊瑚的遗憾，那时的珊瑚主要用作陈设和装饰。20 世纪末，在江苏徐州东汉墓出土的兽形盒砚上，人们见到了最早的珊瑚镶嵌物，它的颜色经过两千年依然动人。此后，辽宁朝阳辽代北塔地宫出土的小型珊瑚法器和江苏无锡元代钱裕墓中出土一件珊瑚桃形饰，都向人们诉说了红珊瑚早期的辉煌。

用红珊瑚雕刻的飞天

第二单元 可爱的朋友——海洋动物

美丽的珊瑚礁正面临着危险,你知道这是怎么造成的吗?我不喜欢看到白花花的珊瑚死去,让我们一起想一想、查一查吧!动起手来,保护珊瑚,从我做起!

我们探究的问题:
_____

查找方式:
_____

赶紧整理一下小组的查找成果吧!

我的收获是:_____
_____
_____

我们用收集的资料做个图片展示吧!

我们把研究的内容制成幻灯片吧!

第七课　五彩缤纷的小精灵

在光怪陆离的海底森林里，在绚丽多彩的珊瑚丛中，有许多奇怪又美丽的小精灵日夜出没。你知道这些可爱的小精灵是谁吗？

知识小百科

【小丑鱼】

我们再熟知不过的就是小丑鱼了。你认识小丑鱼吗？这是一种热带咸水鱼，因为脸上有一两个白色条纹，好似京剧中的丑角，所以俗称"小丑鱼"。

小丑鱼极具领域观念，喜欢群体生活，因此一个鱼群除了体格最强壮的雌鱼及其配偶雄鱼外，其他都是雄鱼和幼鱼。如果群内当家的雌鱼不见了，配偶雄鱼会在几星期内转变为雌鱼。很神奇吧！关于小丑鱼，同学们还想有更多了解吗？那就动动手去探索吧！

【不可思议的事】

如果群体饲养，一般只有几条小丑鱼可以长大，其他长到 12 厘米时便很难再长大。

【蝴蝶鱼】

除了小丑鱼,珊瑚礁中还有许多被称为"热带鱼"的小精灵。它们个头都不大,却一个比一个漂亮。

尖嘴巴、扁身子的叫"蝴蝶鱼"。它的身子扁扁的、瘦瘦的,上面五彩斑斓,很像蝴蝶,是全世界所有鱼类中最好看、最具姿色的鱼类。它们的体长大约20厘米,身上长有漂亮的暗色条带或斑点,头小,嘴短而小,能伸缩,眼部长有黑斑。蝴蝶鱼在海洋里可是个伪装高手呢!

伪装:大多数蝴蝶鱼伪装得极为巧妙,经常可以迷惑敌人的眼睛。它们把自己真正的眼睛藏在穿过头部的黑色花纹之中,而在尾柄处或背鳍后留有一个非常显眼的"伪眼"。这个斑点与头部眼上的黑纹相互对称,宛如鱼眼,能以假乱真。它们还总狡猾地在海里倒退游泳,常常使捕食者误以为伪眼部是其头部而受到迷惑。当敌害向其"伪眼"袭击时,蝴蝶鱼立刻剑鳍疾摆,逃之夭夭。小小的一条鱼,有这样的伪装能力可真是太厉害了呢!

趣闻:蝴蝶鱼的尾巴十分完整,为圆形,几乎看不到分叉。据说有一次,人们在东非捕获到一条蝴蝶鱼,尾部有一条类似阿拉伯文字的图案。有人翻译出它的意思是"世上真神唯有安拉",结果这条鱼身价倍增。这真是大千世界,无奇不有。

海中鸳鸯： 蝴蝶鱼对"爱情"忠贞专一，大多是成双成对，相偕而行，好似水中的鸳鸯。它们如影随形地在珊瑚礁中游弋、戏耍，总是形影不离。它们配合得也相当密切，一尾捕食时，另一尾就在周围警戒，时刻警惕敌人的侵犯。

蝴蝶鱼种类约有 190 种，中国近海就有 57 种，如长吻蝶鱼和网纹蝶鱼。长吻蝶鱼和它的名字非常相似，有一个尖长的嘴部。这只"探测器"可以任意伸进狭长的小洞中寻找食物。网纹蝶鱼体长 12～15 厘米，其头部为三角形，嘴部为黄色，凸出。全身金黄色，体表有规则地排列着网眼状的四方形黄斑，酷似渔网条纹。

长吻鲽鱼

你可知道我们一般是怎样交流的吗？

网纹鲽鱼

【炮弹鱼】

在我国南海珊瑚礁中，还生活着一种身体呈菱形的十分凶猛的鱼——炮弹鱼。这种鱼的外形很像炮弹。它的一对眼睛长在背部的中间，使头部占去全身的一小半；它的背部还有一条长长的脊骨，隆起与脊骨成直角。

炮弹鱼非常贪食，有全副武装的坚硬牙齿，而且锐利无比，能咬碎石珊瑚。很多鱼类是它的食物，但它最喜欢吃的是海星和海胆。当炮弹鱼与棘刺长达30厘米的长刺海胆对阵时，就需要动一番脑筋了。为了享用鲜美可口的海胆汁，炮弹鱼巧施战术。它先猛吸一口水，用力向海胆喷去，使海胆倒转过去，然后袭击它不可设防的口部。如果这一招失灵，它便咬住海胆身上的一根长刺，把海胆从海底拉出水面，然后放掉。当海胆下沉时，它却早已在海底等候；待海胆沉到海底时，它一口就能咬中海胆的口部，美美地饱餐一顿。

炮弹鱼常常数十万尾相伴在海中洄游，那场面可壮观了！

小小资料库

【不可思议的事实】

在澳大利亚北部，美丽壮观的大堡礁却遭到棘冠海星的侵袭，大片珊瑚呈现累累白骨。为了保护珊瑚礁，科学家建议引进炮弹鱼对付海星。这些炮弹鱼果然不负众望。它们如一颗颗重磅炸弹，向海星发起攻击，吃掉海星，使大堡礁这一自然景观得以保存。炮弹鱼为保护珊瑚礁的生态环境立下了大功。它还是餐桌上的调味品之一，在日本家庭和日本料理餐馆里都能见得到哦！

我们的收获:

第二单元 可爱的朋友——海洋动物

我要绘出喜欢的小精灵：

第三单元

走进大自然——海洋植物

绚丽多彩的海底世界,不仅生活着数以万计的海洋动物,还生长着千姿百态的海洋植物。这些形形色色的植物,把海底装扮得宛如花园一般。人们把海洋植物称为海洋世界的"肥沃大草原"。这是为什么呢?相信学了这个单元,同学们就能明白了!

第一课　海藻

藻类植物的大小极为悬殊，有的只有在显微镜下才能看到；有的身长可达二三百米，完全可以称得上庞然大物。根据海藻的生活习性，又把它们分为浮游藻和底栖藻两大类型。

【浮游藻】

浮游藻的藻体仅由一个细胞组成，又称海洋单细胞藻。这类生物是一群具有叶绿素、能够进行光合作用，并生产有机物的自养型生物。它们是海洋中最重要的初级生产者，是养殖鱼、虾、贝的饵料。目前，中国海域记录的浮游藻有1817种。浮游藻的运动能力非常弱，只能随波逐流地漂浮或悬浮在水中做极微弱的浮动。它们有适应漂浮生活的各种体形，以增加浮力。

赤潮： 又称红潮，国际上也称其为"有害藻华"或"红色幽灵"。它是在特定的环境条件下，因海水中某些浮游植物、原生动物或细菌爆发性增殖或高度聚集而引起水体变色的一种有害生态现象。

我是赤潮。请同学们想一想、查一查我给生态环境和人类生活会造成哪些影响？

【底栖藻】

科学家们将栖息在海底的藻类称为底栖藻。它们生命力顽强,能适应干旱和冬季暂时的"冰冻"环境。一旦海水涨潮,它们便又开始正常地生长、发育。大部分底栖藻是肉眼能看见的多细胞海藻,大小差异大,最长的可达200～300米,如巨藻;形状各异,像绳子如绳藻,像树枝状如马尾藻。科学家还根据它们的颜色,把海藻分为三大类:绿藻类、褐藻类和红藻类。

【绿藻】

绿藻已有30多亿年的历史。它有惊人的生命力,比起陆地上的高等植物,有100倍强而有力的繁殖力,被称为"自然界的医疗师"。

绿藻有6000～7000种,我国海域有207种,其中90%产于淡水,只有10%生活在海水里。

浒苔

扁藻

石莼

 小小资料库

【鳌园海滩成绿地】

一天下午3时许，正是退潮时分，厦门大桥至鳌园的海滩上，原本裸露出来的黑色海滩被一种绿色植物覆盖，变成一片绿草地。和海滩一堤之隔的集美龙舟池也到处充斥着这种植物。从春节前后开始，20多名工人每天都在打捞这种水中漂浮的植物。他们每天都要从池中捞起十几吨，但好像永远都打捞不完，好不容易将水面清理干净了，一两天之后，这种植物又在池内郁郁葱葱起来。专家说，它们是石莼和浒苔，长势旺盛。

石莼和浒苔是经济型海藻，除了食用，石莼还可加工成饲料，开发为干旱地区的保湿剂。石莼和浒苔的种子以孢子的形式存在于海水里，一旦条件适应，它们就开始发芽生长。它们的生长速度极快，在条件适宜的情况下，石莼一天就能长20%～30%，三天时间就能长成。当海水温度超过25℃，石莼和浒苔就无法存活。

石莼和浒苔的存在不一定是坏事，也不一定要将它们捞完。它们可以大量吸收水里的营养，起到净化水质的作用。但当石莼和浒苔大面积发生时，要及时打捞，不要让它们形成太大的量，因为大量的石莼和浒苔漂浮在水面，会影响水面景观。（摘自《厦门晚报》）

【褐藻】

褐藻是一群较高级的藻类，是海底森林的主要成分，约1500种，我国海域约250种。它生长在水深30～60米的低潮带和潮下带的岩石上。

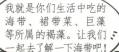

我就是你们生活中吃的海带、裙带菜、巨藻等所属的褐藻。让我们一起去了解一下海带吧！

海带和裙带菜是人们喜爱的食品。海带有许多美誉，被称为"海上庄稼""美容保健食品""健康食品"和"长寿菜"。海带含碘量为0.3%～0.7%，是海水中碘含量的10万倍。海带可以用来治疗因缺乏碘而引起的各种疾病，还是国防和医药工业的重要原料。

哪个是海带？哪个是裙带菜？

（　　　）

（　　　）

 小小资料库

【巨藻】

巨藻是海藻中个体最大的一种,人们称它为海藻王。它原产于美国加利福尼亚、墨西哥和新西兰沿岸。巨藻生长很快,每天可生长60多厘米,全年都能生长,每3个月收割一次,亩产可达50～80吨。其寿命很长,可达12年之久。巨藻的固着器直径可达1米。柄有韧性、可弯曲,柄上生有许多叶片,每个叶片有一个叶柄,叶柄中央是一个直径2～3厘米、长5～7厘米的气囊。由于气囊的作用,藻体可浮在海面,使海面呈现出一片褐色,故有人称为"大浮藻"。我国于1978年首次成功地从墨西哥引进巨藻,目前长势良好。

巨藻的用途十分广泛,可以作为生产食物、燃料、肥料、塑料和其他产品的原料。巨藻含有39.2%的蛋白质和多种维生素及矿物质,所以还可以用来生产沼气,作为提取碘、褐藻胶和甘露醇等工业产品的原料。假如我们养殖4平方千米的巨藻,一年就可生产10万千瓦的能量。所以,巨藻是一种很有发展前途的能源。

海洋探秘

海带是我们熟悉的褐藻,人们常常食用它。你知道它为什么被称为"海上庄稼""美容保健食品""健康食品"和"长寿菜"吗?让我们一起来揭开这个秘密吧!

【红藻】

红藻是含有红色素的藻类，多数喜居深海，生长在低潮线附近和低潮线下 30～60 米处，少数种类可在 250 米的海底生长。红藻细胞内含有胡萝卜素，所以藻体呈红色或紫红色。

红藻的经济价值很高。紫菜、石花菜、海萝等均可食用。海萝可提取海萝胶，用于纺织工业；鹧鸪菜是驱除蛔虫的药用海藻；从石花菜、麒麟菜属植物中提取的琼胶，被应用在医药工业和纺织工业上，并广泛作为培养基。

海萝

石花菜属多年生藻类，用假根状的固着器附着在礁石上，直立丛生。它具有较高的经济价值，但生长在数米深的水下礁石上，采割难度大，人工养殖未获得成功，所以它的广泛开发和应用受到制约。

石花菜

第二课 海草

海草是指生长于温带、热带近海水下的单子叶高等植物,是一类生活在温带海域沿岸浅水中的单子叶草本植物。

知识小百科

海草分属四个植物科(波喜荡草科、大叶藻科、水鳖科及丝粉藻科),是生长在海洋和完全盐水环境中的一类开花植物。

波喜荡草科

大叶藻科

水鳖科

丝粉藻科

海洋探秘

你知道"海草"这个名字的由来吗?

我在百科全书上看过此类介绍!

这些特殊的在海中开花的单子叶草本植物之所以被称为"海草",是由于它们的叶片又长又细,绝大部分是绿色的,看起来就像一大片草原。多数水草从表面上看类似陆生的禾本科草类。

小小资料库

【海草场】

地球上的植物起源于海洋,但海草是二次下海,其在植物进化中的地位如同鲸、海豚一样重要。海草常在沿海潮下带形成大规模的海床或是草地——海草场。海南岛是我国海草的主要分布区域,主要有高隆湾海草场、龙湾港海草场、新村港海草场、黎安港海草场和长圮港海草场。海草床与红树林、珊瑚礁并称三大典型的海洋生态系统,海草场是最具生产力的水生生态系统之一。

海床或草地的海草场

联合国环境规划署 2003 年首次发表了针对世界沿海地区海草床分布的调查报告。该报告显示,在过去的 10 年中,已有约 2.6 万平方千米的海草生态区消失,减少了 14.7%,海草床的生态环境遭受着严重的威胁。海南海草床的生态环境同样遭受着不同程度的破坏,主要原因如下:

人为污染是海南海草床衰落的最重要因素,包括陆地和海上排放的污染,主要为工业与生活污水、交通和投饵养殖等,由此引起的海水富营养化和带来的悬浮物大大降低了海草床的光射入,降低了海草的光合作用,严重阻碍了海草的生长甚至导致整个海草种群的衰落。

人类的不当活动,围海养虾、海水养殖,如打桩吊养贝类、海藻、围网养殖等;炸鱼、毒鱼和电鱼;挖泥捕捞与拖网捕捞;各种机动船的螺旋桨;开挖港池航道等,造成对海草叶片、根茎和根系的不同程度破坏,对海草床的生态环境产生明显的威胁。

中国科学院南海海洋研究所与联合国环境署签署了"广西合浦海草床保护与管理示范"项目的协议,这标志着我国首个海草床保护与管理示范区正式启动。

海草床的生态环境遭受着严重的威胁

第三课 红树

知识小百科

同学们，你们生活在海边，肯定见过红树吧？

红树林，又称潮汐林，由一群水生的木本植物组成。这种植物体内含大量单宁，当单宁在空气中氧化，枝干就呈红褐色，所以叫红树。

现在所指的红树林泛指像红茄苳这类生长在热带、亚热带地区的河口与海岸潮间带区域的常绿灌木或乔木树林。国际红树林组织把红树林分为真正红树林植物、半红树林植物、红树林伴生植物。我国海南岛红树植物最为丰富，广西、广东、台湾次之，福建更次之，浙江仅剩一种。厦门是一个界限，在此南，红树林海岸发育很好；在此北，红树林海岸稀少。

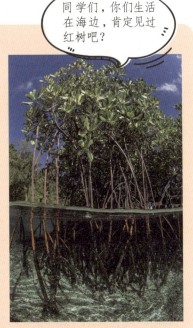

奇特的叶子：红树植物叶片的表皮角质层厚，具有储水组织、排水器和栓质层，以减少水分丧失。有的叶片则具有盐腺，以调节组织的盐分，也可借老叶的脱落来排除多余的盐分。

发达的气根：红树林的根系分为气根和地下根两类。气根由主干或较低的分枝长出，悬垂向下生长，进入土壤后形成支持根，可进行呼吸并具有支撑植株的作用。

独一无二的胎生现象：海马宝宝是爸爸生的，红树也会生宝宝。红树的种子即使成熟了，也不从树上脱落。种子仍在母树上时胚芽开始发育，最后形成具有胚茎和根的胎生苗。幼苗垂挂在枝条上，可从母株吸取养分。当幼苗脱离母株时，它便借助自身的重力插入泥中，只要几个小时即可扎根固定。有些幼苗没有顺利插入泥中，就随波逐流，遇到适当地点再扎根生长。这种酷似胎生的繁殖方式，在植物界中是独一无二的。

插入泥中的胎生苗

胎生苗

发育中的胚轴

成熟的胚轴

极高的利用价值：红树以凋落物的方式，通过食物链转换，为海洋动物提供良好的生长发育环境，是候鸟的越冬场和迁徙中转站，更是各种海鸟觅食栖息、生产繁殖的场所。它还有防风消浪、促淤保滩、固岸护堤、净化海水和空气的功能。红树林的工药用等经济价值也很高。

小小资料库

【厦门红树林的前世今生】

20世纪60年代，厦门市在同安建立海滨红树林场，规划在辖区内原洪塘、巷西、巷南、策槽等公社海滩种植红树林2万亩，1963年发展到1.3万亩。后因各种原因，红树林不断减少，到1966年仅保存0.4万亩。1967—1969年，这一区域大量围海造地，残存的红树林不复存在，1969年红树林场撤销。

历史上，海沧、杏林及厦门岛均分布有天然红树林，但近20年来面积不断减少。厦门环境信息中心从1987年及1995年航测照片分析判读，1987年红树林的分布区域有东屿、海沧、青礁、石井、吴仔尾及厦门东渡象屿、湖西堤头一线，面积2800亩，而到1995年，厦门岛内红树林已消失，海沧、杏林零星分布312亩。1996年以后，随着海岸建设加快及群众滩涂养殖进一步发展，红树林破坏加剧，命运令人担忧。

随着厦门社会经济的不断发展,保护生态环境问题越来越引起人们的关注,为红树林的发展带来一线曙光。经过多方的努力,目前全市范围内红树林面积合计约 400 亩。全市范围内的滩涂与养殖不直接存在矛盾,可用于发展红树林的滩涂在 800～1000 亩,主要分布在大嶝海域。3～5 年内,经水产养殖结构调整,可提供部分滩涂用于发展红树林,预测面积有 2～3 万亩。

为保护和发展厦门的红树林,我们应该怎么做呢?

海沧湾公园海岸边有一红树林,我们一起去观察一下吧!

我要……

好啊!我要特别观察它独一无二的胎生现象。

1. 本书编写组编:《走进科学海洋世界丛书:海洋里的植物》,广东世界图书出版公司,2016 年。

2. 蔡厚才主编:《走进贝藻王国》,上海人民美术出版社,2011 年。

第三单元 走进大自然——海洋植物

海洋植物姿态万千、异彩纷呈。选择你感兴趣的一种海洋植物，仔细观察，搜集资料，从植物的生长环境、生活习性和经济价值等方面研究，并向大家展示你的研究成果。

我们探究的问题：

查找方式：

赶紧整理一下小组的查找成果吧！

我的收获是：

第四单元

穿越航海史——海洋历史

你听说过郑和下西洋的故事吗？你想知道美洲大陆是谁发现的吗？你想见识维京海盗船是怎样的吗？广阔无垠的大海，蕴藏着多少你不知道的秘密？古往今来，无论是东方人还是西方人，都迫切地希望了解神秘而诱人的海洋，不懈地探寻着那些闻所未闻的海洋奥秘。

随着一代又一代人的探求，人们欣喜地发现了不少大海彼岸的秘密，明白了大海可以提供给人类丰富的动植物和矿产资源、能源和运输通道……

大海有无数的惊奇等待着我们发现，只要我们有足够的好奇心和智慧。通过本单元的学习，你不仅会了解古代伟大的航海发现家冒险的故事，了解各种奇形怪状的船只和有趣的航海知识，而且能进一步增强海洋意识，提高科学文化素质。

第一课　伟大的航海家

为了探求汪洋大海的未知世界，人们发明了船、帆、桅、指南针和罗盘，驾船远航，因此有了中国古代航海家郑和的七下西洋、欧洲"地理大发现"时期海上探险家麦哲伦的环球首航、哥伦布发现新大陆、迪亚士到达好望角……

知识小百科

【郑和——七下西洋】

1405 年 7 月 11 日，明朝第三位皇帝朱棣，命令太监郑和率领由 240 多艘海船、27400 名船员组成的庞大船队，从苏州浏家港出发远航，拜访了 30 多个在西太平洋和印度洋的国家与地区，加深了大明帝国和南海（今东南亚）、东非的友好关系。一直到 1433 年，28 年间，郑和率领中国大明王朝的船队一共远航了七次之多，史称"郑和七下西洋"。

郑和曾到达过爪哇、苏门答腊、苏禄、彭亨、真腊、古里、暹罗、榜葛剌、阿丹、天方、左法尔、忽鲁谟斯、木骨都束等 30 多个国家，最远曾达非洲东部、红海、麦加，并有可能到过澳大利亚、美洲和新西兰。

【发现格陵兰岛——艾瑞克】

982年，维京首领艾瑞克因为杀人被流放到冰岛三年。他登上科诺船开始探索大西洋。科诺是一种专为远海航行设计的、船体很大的船。在航行中，他发现了一块陆地，那里植物葱郁，气候温和，称为"绿色王国"——格陵兰。返回冰岛以后，他就游说几户人家随他一起来到这个新大陆，然后占领了这块土地。其实，这个岛并不像它的名字那样充满着春意。那里气候严寒，冰雪茫茫，中部地区的最冷月平均温度为零下47摄氏度，绝对最低温度达到零下70摄氏度，是地球上仅次于南极洲的第二个"寒极"。

【发现新大陆——哥伦布】

意大利人哥伦布，自幼热爱航海冒险。1492年，哥伦布受西班牙国王派遣，带着给印度君主和中国皇帝的国书，率领三艘大帆船，从西班牙扬帆出大西洋，直向正西航去。经过70昼夜的艰苦航行，他们到了印度。后来，一个意大利学者经过更多的考察，才知道哥伦布到达的地方不是印度，而是一个原来不为人知的新大陆——美洲。

【环游全世界——麦哲伦】

1519年9月20日,葡萄牙航海家麦哲伦在西班牙国王的支持下,进行航海探险。探险船队经历千辛万苦,终于在1520年10月发现了通往太平洋的大门——麦哲伦海峡。麦哲伦环球航行的成功不仅开辟了新航线,还证明了地球是圆的。麦哲伦环球航行是世界航海史上的又一大成就。

小小资料库

达·伽马是15世纪末16世纪初的葡萄牙航海家,也是开拓了从欧洲绕过好望角通往印度的地理大发现家。他由于实现了从西欧经海路抵达印度这一创举而驰名世界,并被永远载入史册。

1486年,葡萄牙探险家迪亚士奉葡萄牙国王之命,率探险队沿非洲西岸南航,寻找通往东方的航路,首次到达非洲南端的风暴角——好望角。好望角以特有的巨浪闻名于世。它不仅是一个"风暴角",还是一个"多难角",从万吨远洋货轮到数十万吨级的大型油轮都曾在此失事,罪魁祸首就是这一海区奇特的巨浪。

小小实践家

伟大的发现家们历尽千辛万苦,用自己的智慧和勇气战胜了种种困难,为人类打开了一扇了解世界、探索海洋的大门。请你根据他们的事迹,将他们的"地理大发现"写下来吧。

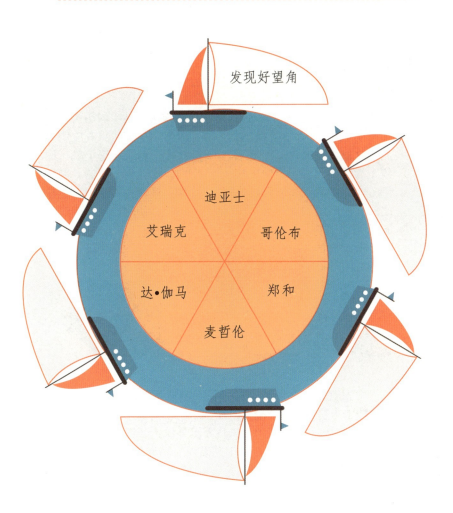

第二课 航海和船只

航海是人类在海上航行,跨越海洋,由一方陆地到另一方陆地的活动。地球上的水域面积占了三分之一,一个国家的兴盛与航海事业密不可分。

知识小百科

最早,人们航海是靠山形水势及地物为导航标志,属地文航海;以星星、地平线上太阳的位置、风向来辨别方向,则属天文航海技术之一。波利尼西亚人很早就知道通过观察海浪的形状、大小及动物的行为来确定陆地的方向。

指南针是中国历史上的一大发明。宋代将其应用到航海上,解决了海上航行的定向,也开创了仪器导航的先例。现代的雷达、卫星导航系统,使航海从帆船时代进入机动船时代,从地文航海、天文航海时代进入电子航海时代。

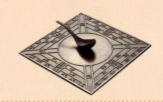

中国航海历史悠久。早在距今7000年前,我们的祖先就会造独木舟航行。春秋战国时期,木帆船诞生,出现了较大规模的海上运输与海上战争。宋代罗盘导航,开创了仪器导航的先例。到明朝时期,伟大的中国航海家郑和先后七次下西洋,将中国古代航海业推向顶峰。

航海要求船舶迅速而安全地行驶，现代航海须采用现代导航设备，了解国际水运法规、世界各国海上交通管理制度。为保证安全，船舶上还须设置救生、防火、防污染设备和航海仪表及通信设备等。

远古独木舟

古代木帆船

宋代罗盘

小小资料库

【海上丝绸之路】

海上丝绸之路是陆上丝绸之路的延伸，也是古代海道交通大动脉。隋唐时运送的主要大宗货物是丝绸，所以大家把这条连接东西方的海道叫作海上丝绸之路。闽南泉州是海上丝绸之路的起点。

【航海节】

世界上不少海洋国家有自己的航海节或海洋日。每年的7月11日是我国的"航海日"，国家规定这天全国所有船舶鸣笛挂彩旗，以此纪念1405年7月11日郑和首次下西洋。

阅读推荐

《小船的旅行》《辛伯达航海旅行》

小小实践家

福建泉州是海上丝绸之路的重要起点。请你查找有关海上丝绸之路的资料,试着绘制一张草图,与同学们交流分享。

知识小百科

船只,是水上主要运输工具的总称。千百年来,多亏有船,人类才能出海探险、旅游、打鱼、战斗或勘测。船的种类很多,民用船一般称为船(古称舶舶)、轮(船)、舫,军用船称为舰(古称艨艟)、艇,小型船称为舢板、艇、筏或舟。其总称为舰船、船舶或船艇。

【最早的船】

最早的船是用树干挖成的独木舟或由圆木造成的木筏。这些船只是靠人划动船桨向前移动的。在伊拉克,古筏是一种用柳条编成的大篮子,人们为它抹上焦油沥青防水。其他部落的居民还使用一些非常怪异的船只,这些船是由动物的皮做成的,在里面充上气体,用木板做船桨划着前进。

【最有趣的船】

维京人驾驶的龙头船,样子很奇怪。为什么他们会用这奇怪的形状呢?这是为了能像在浅海一样自如地到深海航行。维京人的头领死后要埋在龙头船里,他们觉得自己死后需要这种船。因为在当时,这种船是为了到达死神奥丹的府邸瓦拉拉而建造的,样子就像一只长着八只爪子的马。

【世界上最快的船】

"地球竞赛"号被称为世界上最快的生态船。它以人类脂肪当燃料,造价240万美元,长约23.8米,船身有3层外壳保护,内有2个功能先进的发动机,最高时速可达40节(约74千米)。即使航行在巨浪中,它的速度也不会减慢,形似一只展翅欲飞的天鹅。

海洋探秘

不学不知道,船舶世界真奇妙。在海沧大桥下面就有一家造船厂,我们要利用社会实践的机会去参观、访问,还要上网或到图书馆查阅资料,了解航海和船只方面的信息。

第三课　探索海底世界

同学们，厦门是个美丽的海滨城市，面朝大海，春暖花开。美丽的大海给厦门人带来了无限的乐趣和生机。

知识小百科

海面一望无际，波光粼粼。那么，大海深处又是怎样的呢？你们想知道吗？那让我们一起来看看吧！

海面上波涛澎湃的时候，海底依然很宁静。最大的风浪，也只能影响到海面以下几十米，最强烈的阳光也射不到海底，水越深，光线越暗，500米以下就全黑了。在这一片黑暗的深海里，有许多光点像闪烁的星星，那是有发光器官的深水鱼在游动。海底有高山，有峡谷，也有森林和草地。

> 深深的海底黑乎乎的，会有什么动物和植物呢？

海洋话题

你还了解到哪些有关海底世界的知识？

 小小实践家

同学们，以小组为单位，上网查阅或去图书馆查找你想了解的海底世界知识。小组同学共同完成一份走进海洋、了解海洋、深入海洋的手抄报。

知识小百科

【海洋生物】

海洋生物：经过海洋科技工作者几十年的调查研究，已在我国管辖海域记录到20278种海洋生物。这些海洋生物隶属5个生物界、44个生物门。其中，动物界的种类最多（12794种），原核生物界最少（229种）。我国的海洋生物种类约占

全世界海洋生物总种数的10%，数量占50%。我国海域的海洋生物，按照分布情况大致分为水域海洋生物和滩涂海洋生物两大类。在水域海洋生物中，鱼类、头足类（乌贼，也叫墨鱼）和虾、蟹类是最主要的海洋生物。其中，以鱼类的品种最多，数量最大，构成水域海洋生物的主体。

海洋生物的价值：海洋生物富含易于消化的蛋白质和氨基酸。食物蛋白的营养价值主要取决于氨基酸的组成，海洋中鱼、贝、虾、蟹等生物蛋白质含量丰富，富含人体所必需的9种氨基酸，尤其是赖氨酸含量更比植物性食物高出许多，且易于被人体吸收。

小小实践家

同学们，猜一猜它们都是什么呀？

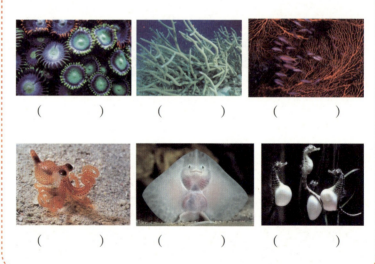

（　　　）　（　　　）　（　　　）

（　　　）　（　　　）　（　　　）

海洋探秘

海洋生物有哪些药用价值？人类该如何合理利用？请同学们针对这个问题，上网或者去图书馆查阅资料，做一次调查，然后填写下表。

海洋生物名称	对人类的作用

海洋趣谈：海洋中的哺乳动物有哪些

【海洋中的美人鱼——儒艮】

儒艮是海洋中唯一的草食性哺乳动物，一点也不凶。它以海藻、水草等多汁的水生植物及含纤维的灯心草、禾草类为食。但凡水生植物，它基本上都能吃。

【貌似家犬的海豹】

海豹身体浑圆，形如纺锤，体色斑驳，毛被稀疏，皮下脂肪很厚，显得膘肥体胖。从海豹的头部看，貌似家犬，因而不少地区称其为海狗。有时它爬到礁石上，这时它的动作就显得格外笨拙，善于游泳的四肢只能起支撑作用。

【海中智叟——海豚】

过去人们常说，猴子是动物界中最聪明的动物。但事实证明，海豚比猴子还要聪明。有些技艺，猴子要经过几百次训练才能学会，海豚只需20多次就能学会。如果用动物的脑占身体重量的百分比来衡量动物的聪明程度，海豚仅次于人，猴子名列第三。

【横行的暴徒——虎鲸】

虎鲸属于齿鲸类，体长近10米，重7～8吨，雌的略小一些，也有6～8米。虎鲸胆大而狡猾，残暴贪食，是辽阔海洋里"横行不法的暴徒"。虎鲸的英文名称有杀鲸凶手之意。不少人在海上屡屡目睹虎鲸袭击海豚、海狮及大型鲸类惊心动魄的场景。

小小实践家

你能说出几种海洋动物呢？将你知道的找一些图片贴在下面吧。

名称：	名称：
照片：	照片：

名称：	名称：
照片：	照片：

 海洋趣谈：海洋中的植物有哪些

　　海洋植物是海洋中利用叶绿素进行光合作用以生产有机物的自养型生物，属于初级生产者。海洋植物门类甚多，从低等的无真细胞核藻类（即原核细胞的蓝藻门和原绿藻门）到具有真细胞核（即真核细胞）的红藻门、褐藻门和绿藻门，及至高等的种子植物等，共13个门1万多种。海洋植物可以简单地分为两大类：低等的藻类植物和高等的种子植物。海洋植物以藻类为主。

　　　红藻　　　　　　　　褐藻　　　　　　　　　绿藻

第四课　海洋调查

　　海底森林就是世界稀有的树种红树林,生长在海底,高低参差不齐,最高的可达 5 米。落潮时从滩地露出,涨潮里被海水吞没,只有高一些的微露梢头,随波摇,各种各样的鸟儿就在树梢歇脚,白鹭、苍鹭、黑尾鸥都是这里的常客。斑鸠、苦对还长年在较高的树上筑巢安家。海底森林的树木共有五科六种。它们的根部特别发达,盘根错节,绕来缠去,千姿百态,很有观赏价值。

知识小百科

　　同学们,经过前几节课的学习,相信你已经成为一名海洋知识小博士!这节课就让我们进一步走进海洋,进行一番调查吧!请你挑选和海洋有关的一个方面,搜索资料,实地考察,完成属于自己的调查报告。

　　在美丽的海沧湾湖畔,生长着一种神奇的植物——红树林。请观察下图,你发现了什么?

 海洋话题

红树植物为什么能在潮滩盐土中扎根生长？它起了什么作用？

红树林被称作"海底森林"，是大海的好朋友。

因为潮滩里有营养。

我知道……

红树林吸收了营养，就可以扎下根来，保护我们不受自然灾害影响。

调查结束后，以小组为单位，依次上台展示调查成果吧！别忘了对你的队友进行一番评价哦！

 **海洋探秘**

你是否查到了红树林的更多资料呢？请同学们根据所收集的资料讨论"如何更好地保护生态植物"，合作完成一份调查报告。可以参考下面的格式哦！

"如何更好地保护生态植物"调查报告

天心岛小学（　　）年（　　）班

调查者		调查时间		调查地点	
调查内容			提出问题		
收集资料					
讨论笔记			讨论结论		
讨论总结					
交流感受					

 小小实践家

红树林是海岸生态防护中一道难得的天然屏障,我们该为红树林做些什么?按照你对红树林的了解,为标志填色并设计一句保护环境的广告语。

保护红树林
就是保护我们自己

还可以探究什么呢?本书提供了一些关于海底矿石的有趣内容,如果你感兴趣,也可以对它们进行类似的调查哦!

知识小百科

同学们，你们知道吗？我国的滨海砂矿储量十分丰富，近 30 年已发现 20 多种，其中具有工业价值并探明储量的有 13 种。各类砂矿床 191 个，总探明量达 16 亿多吨，矿物多达 60 种，几乎世界上所有海滨砂矿的矿物在我国沿海都能找到。具有工业开采价值的有钛铁矿、锆石、金红石、独居石、磷钇矿、金红石、磁铁矿和砂锡等。

我国是世界上海滨砂矿种类较多的国家之一，华南沿海地区滨海砂矿总储量达 2720 万吨。辽东半岛沿岸储藏大量的金红石、锆英石、玻璃石英和金刚石等滨海砂矿。不仅如此，海底还是巨大的"油库"，你们想了解更多吗？我们一起去看看吧！

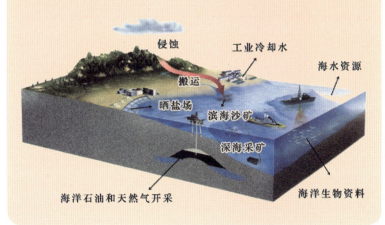

【海底"油库"】

　　石油是一种重要的矿产资源和能源,被称为"工业的血液"。石油不仅蕴藏于陆地,在茫茫海洋的深处也非常丰富。法国石油研究所估计,世界石油的最大可采量为3000亿吨,其中海底石油占45%。

小小实践家

　　石油是人类重要的宝藏,我们生活中哪些地方需要用到石油?把你了解到的写出来。

第四单元 穿越航海史——海洋历史

互动吧

同学们,石油在我们的生活中很重要,你们知道海底石油是如何形成的吗?我们该如何合理地利用这些有限的资源呢?请你们上网或是查阅书籍,把它写下来,并和同学交流一下。

我的收获是:_____

_____

我们用收集的资料做个图片展示吧!

我们把研究的内容制成幻灯片吧!

105

第五单元

丰富的宝藏——海洋探索

同学们,遨游于大海中,一个有趣的世界就会呈现在我们眼前,可爱的海洋精灵和我们成了好朋友。海洋好玩的地方可多啦!本单元将带领同学们来一次寻宝之旅,看看同学们能不能发现大海和人类生活的紧密联系,理解人类由古至今为什么一直热衷于探索海洋。在这次寻宝之旅中,同学们将见识到海洋能源和海洋资源的巨大能量。让我们一起来了解海洋吧!

第一课 海洋能源

海洋能源指的是海水具有的潮汐能、波浪能、海（潮）流能、温差能和盐差能等可再生自然能源的总称。这是一种再生性能源，永远不会枯竭，也不会造成任何污染。我们一起去了解几种海洋能源吧。

知识小百科

【潮汐能】

潮汐能就是潮汐运动时产生的能量，是人类利用最早的海洋动力资源。20世纪，人们开始懂得利用海水上涨下落的潮差能来发电。据估计，全世界的海洋潮汐能约有20亿千瓦，每年可发电12400万亿度。今天，世界上第一个也是最大的潮汐发电厂就处于法国英吉利海峡的朗斯河河口，年供电量达5.44亿度。

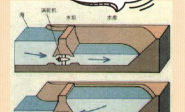

> 厦门能不能建潮汐发电厂？

【波浪能】

波浪能主要是由风的作用引起的海水沿水平方向周期性运动而产生的能量。波浪能是巨大的，一个巨浪就可以把13吨重的岩石抛出20米高。一个波高5米、波长100米的海浪，在1米长的波峰片上就具有3120千瓦的能量。据计算，全球海洋的波浪能达700亿千瓦，可供开发利用的为20亿～30亿千瓦，每年发电量可达9万亿度。

第五单元 丰富的宝藏——海洋探索

【海流能】

世界上最大的暖流——墨西哥洋流，在流经北欧时为 1 厘米长海岸线提供的热量，大约相当于燃烧 600 吨煤的热量。据估算，世界上可利用的海流能约为 0.5 亿千瓦。

你们知道吗？海洋能源大家族中还有海洋温差能和盐度差能，同学们，自己进行课后探究吧！

小小实践家

请同学们利用课余时间上网搜集一些世界海洋能源发电厂，做成手抄报，比比谁做得好。

小小资料库

海洋中蕴藏着巨大的能量，海洋能源已吸引了越来越多的人的关注。美国是世界上最早进行深海研究和开发的国家，"阿尔文"号深潜器在水下 4000 米处发现了海洋生物群落，"杰逊"号机器人潜入了 6000 米深处。

2002 年，中国启动"蛟龙号"载人深潜器的自行设计、自主集成研制工作。2012 年 7 月，"蛟龙号"在马里亚纳海沟试验海区创造了下潜 7062 米的中国载人深潜纪录，也创造了世界同类作业型潜水器的最大下潜深度纪录。

第二课 海洋资源

海洋资源指形成和存在于海水或海洋中的有关资源,包括海水中生存的生物,溶解于海水中的化学元素,海水波浪、潮汐及海流所产生的能量、贮存的热量,滨海、大陆架及深海海底蕴藏的矿产资源,以及海水形成的压力差、浓度差等。

知识小百科

【石油、天然气】

湖泊、海洋里的生物死后会沉积到水里被泥沙覆盖,经千百万年后变成石油和天然气。据估计,世界石油极限储量1万亿吨,可采储量3000亿吨,其中海底石油1350亿吨。世界天然气储量255亿至280亿立方米,海洋储量占140亿立方米。

中国在临近各海域油气储藏量40~50亿吨。由于发现了丰富的海洋油气资源,中国有可能成为世界五大石油生产国之一。

【热液矿藏】

这是一种含有大量金属的硫化物,由海底裂谷喷出的高温岩浆冷却沉积形成,目前已发现30多处矿床。仅美国加拉帕戈斯裂谷的储量就达2500万吨,开采价值39亿美元。

【可燃冰】

它的能量密度高，杂质少，燃烧后几乎无污染，矿层厚，规模大，分布广，资源丰富。据估计，全球可燃冰的储量是现有石油、天然气储量的两倍。中国在南海和东海发现了可燃冰。据测算，仅中国南海的可燃冰资源量就达700亿吨油当量，约相当于中国目前陆上油气资源量总数的1/2。在世界油气资源逐渐枯竭的情况下，可燃冰的发现又为人类带来新的希望。

海洋话题

大家还知道哪些海洋资源呢？

我知道海底有丰富的生物，是药物资源的来源。

煤矿也是一种重要的海洋矿产资源，它多属陆地煤田延伸到海底。

我知道……

还有海滨砂矿资源！

 小小实践家

拿起你手中的笔和纸,记录生活中用到的海洋资源,思考在哪些方面用到呢?可以自制表格哦。

生活中的"海洋资源"	用途

生活中的"海洋资源"	用途

小小资料库

由于人类对两极海域和广大的深海区还调查得不够,对大洋中的许多海底矿产尚难知晓。近年来,科学家们研究后发现,海洋将成为21世纪的药库。

【海参】

它是一种含有高蛋白的名贵海味。然而,你可能没有想到,有几种海参会从肛门释放出毒素,这种毒素具有抑制肿瘤的作用。

【珊瑚】

实验表明,从珊瑚礁中提取的有毒物质有抑制癌细胞发展的作用,提取的其他物质对关节炎和气喘病可起到减轻炎症作用。中国南海一种软珊瑚的提纯物,具有降血压、抗心率失常及解痉等作用。

第三课 海洋考古

同学们听说过海洋考古吗？海洋考古就是调查、发掘和研究古代人从事海洋活动的行为、技术、物质文化的遗存。

知识小百科

【我国的海洋考古资源】

中国有 300 余万平方千米的辽阔海疆、1.8 万多千米的海岸线和丰富的内陆水域，曾经辉煌的航海史更是留下了丰厚的水下文化遗产。那么，究竟有多少我们未知的遗迹？仅以南海海域为例，有学者推测，宋元以来，大约有 10 万艘船沉没于此。

【我国海洋考古的昨天】

我国开始关注海洋考古也是出于一次偶然。1985 年，英国人米歇尔·哈彻在南中国海域打捞出一艘古沉船，船上满载康熙年间的青花瓷器。之后，这些青花瓷出现在荷兰阿姆斯特丹的拍卖行。当时，国家文物局得到消息曾委派陶瓷研究专家耿宝昌、冯先铭赶赴拍卖现场回购，可惜因高出起拍价 10 倍的成交价成为人们的心头之痛。从此，中国考古界开始将目光投向海洋。

第五单元 丰富的宝藏——海洋探索

【我国海洋考古的今天】

我国有丰富的海底遗迹。1987年,考古界吹响了组建水下考古队伍的集结号,中国历史博物馆水下考古研究室诞生。1988年,由全国各文博单位选送的9名考古人员作为水下考古第一期学员参加了交通部广州潜水学校为期两个月的培训,从此我国首批水下考古专业队伍产生。2001年,由中国历史博物馆、广东省考古研究所和福州市考古队等单位组成的水下考古队来到广东省阳江市东平镇,开始了具有我国水下考古里程碑意义的古沉船"南海Ⅰ号"的调查。相继,辽宁绥中三道岗元代沉船、中山舰、"碗礁Ⅰ号""半洋礁Ⅰ号""南澳Ⅰ号""小白礁Ⅰ号"等古沉船先后被发现。今年,我国自主研制的水下考古船"中国考古01"号顺利试航和启用。于是,在辽宁、山东、浙江、福建、广东沿海先后开展了10多处宋元明清不同时期沉船遗址的水下调查和发掘。海洋考古已经成为中国考古学中最具活力的一个考古学术领域。

蓝色任务

同学们,厦门的历史始于厦门港,了解厦门的海洋文明,就是了解中国东南沿海鲜活历史与文化的便捷途径。让我们一起了解厦门先民在这片南中国海上与大海相生相伴的岁月,探密海洋人与海龙王的秘密约定。

我知道厦门港最初是海滨的一湾月牙形沙洲,称为玉沙坡。

我爷爷是老渔民,我要让爷爷教我神秘的独门技艺延绳钓。

我知道……

老师说,孙中山先生在《建国方略》中提出要建设大港"海沧港"。我觉得很骄傲!

115

第六单元

人类与海洋——海洋奇缘

同学们,大海不仅有各种各样的动物、数量丰富的宝藏,更是人类的乐园。海洋空气中含有一定数量的碘,大量的氧、臭氧、碳酸钠和溴,灰尘极少,有利于人体健康,适于开展各种旅游活动。

各国各地都在积极开发以海洋为旅游场所,以探险、观光、娱乐、运动、疗养为目的的旅游活动。除此之外,人们还利用海洋这个独特的资源,建设了许多跨海大桥和海底隧道。让我们一起走进海洋这个人类的大乐园,一起了解海洋旅游的内容,选择几个你喜欢的项目参加吧!

第一课　海洋旅游

法国的蓝色海岸、西班牙的太阳海岸和澳大利亚的黄金海岸作为世界三大著名旅游海岸被大家熟知，今天就带同学们去看看中国著名的旅游海岸和海岛。你们知道是哪些吗？

知识小百科

【海南岛】

在祖国浩瀚的南海上，镶嵌着一座风光旖旎的热带岛屿，那里有辽阔广袤的天空、澄清透明的海三域、平坦柔软的沙滩、树影婆娑的椰林。它就是有着绵延1580多千米海岸线的海南岛。海南岛是仅次于台湾的全国第二大岛。海南三亚、海口的景点众多，公园星罗棋布，真可谓一个旅游的大公园。

在海南岛上，能玩些什么呢？让我来给大家当小导游吧！

潜水，看看神秘的海底世界；晒日光浴，感受悠闲自在的海岛生活；坐香蕉船，感受海上摩托的乐趣……

【湄洲岛】

　　湄洲岛位于福建省莆田市，素有"南国蓬莱"的美称，也是妈祖文化的发源地。湄洲岛具有得天独厚的滨海风光和自然资源，是旅游度假胜地。

　　蓝天、碧海、阳光、沙滩构成浪漫旖旎的滨海风光。全岛海岸线长30.4千米，有13处总长20千米的金色沙滩，还有连绵5千米的海蚀岩。岛上有融碧海、金沙、绿林、海岩、奇石、庙宇于一体的风景名胜20多处，形成水中有山、山外有海、山海相连、海天一色的奇特的自然景观。

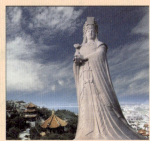

【普陀山岛】

　　普陀山岛位于浙江杭州湾以东，是舟山群岛的一个小岛，传为观音大师仙化道场，素有"海天佛国"的美誉，是我国四大佛教名山之一，集寺庙、海、沙、石于一体。

　　普陀山四面环海，风光旖旎，幽幻独特，被誉为"第一人间清静地"。山石林木、寺塔崖刻、梵音涛声，皆充满佛国神秘色彩。岛上树木丰茂，古樟遍野，鸟语花香，素有"海岛植物园"之称。普陀山岛被评为中国最美十大海岛之一。

海洋话题

同学们,世界上还有哪些著名的海岛呢?分成小组,利用课前搜集的资料,为大家介绍你最喜欢的海岛吧。

我想给大家介绍菲律宾的苏米岛,那里珊瑚很美!

还有毛里求斯岛,有好多海豚!

我想给大家介绍泰国的普吉岛。

太平洋上分布了许多美丽的海岛,今天我给大家介绍……

小小实践家

请同学们利用课余时间,上网搜集更多有关海洋旅游的小知识,做成手抄报,并比比谁做得好。

小小资料库

澎湖海域海洋生物资源丰富，洄游和底栖鱼类近300种，还有龙虾、贝类、珊瑚、藻类等。全县拥有动力渔船2800余艘，渔民近万户，其中80%以上销往中国台湾和香港地区及日本等，是全县的经济支柱。

澎湖列岛，隶属我国台湾省，位于台湾岛西部的台湾海峡中，因港外海涛澎湃，港内水静如湖而得名。它由台湾海峡东南部64个岛屿组成，主要岛屿有澎湖本岛、渔翁岛和白沙岛。

"澎湖渔火"自清代起即为台湾"八景"之一，澎湖天后宫、西屿炮台、西屿东谷均为台湾省的一级古迹。其他还有观音亭、顺承门、孔庙、施公祠、七美人冢，以及澎湖跨海大桥、海水浴场、成功水库、西屿灯塔等。

澎湖天后宫

澎湖跨海大桥

第二课 海边娱乐与安全

海边娱乐项目众多，如游泳、潜水、海钓、游艇、摩托艇、香蕉船、沙滩排球等。这些都具有刺激性和挑战性，能引发游人的兴趣。这也是海洋旅游受欢迎且历久而不衰的原因之一。但是在游玩的同时，也要注意安全哦！

【海上安全】

当船舶发生火灾时，驾驶台会迅速发出火灾警报。火警信号是连续短声一分钟。表示火警区域时，连续短声一分钟后，鸣长声表示船舶的前部，鸣二长声表示船舶的中部，鸣三长声表示船舶的后部，鸣四长声表示船舶的机舱内部，鸣五长声表示船舶的上层建筑内部。

【安全提示】

1. 不要夹带危险物品上船。
2. 不要坐"三无"船只（没有船名、没有船籍港、没有船舶证书）。
3. 上下船时，必须等船靠稳，待工作人员安置好上下船的跳板后方可行动；上下船不要拥挤，不随意攀爬船杆，不跨越船挡，以免发生意外。

海上的娱乐项目固然好玩,但也会遇到一些危险,都有哪些呢?

　　我们学校背靠大海,大海就是我们成长的摇篮。海洋旅游很重要的一点就是会计算潮水的涨落。在知识大讲堂中,我们提供了计算海水高潮的方法,让我们来验证一下这个公式是否符合厦门潮水高潮的规律。请同学们自由组成实验小组,请家长陪同到海边观察海水高潮的时间,做好记录,再根据记录总结规律。

【什么时候涨潮】

海水涨落潮的规律是：每天涨潮有两次，相隔 12 小时。涨潮时间每天不同，15 天轮回一次，可根据农历日期计算每天，公式如下。

1. 农历初一到十五：涨潮时间 = 日期 ×0.8
2. 农历十六到三十：涨潮时间 =（日期 -15）×0.8

【我来教你怎么算】

比如，厦门潮水高潮时间的计算方法：

1. 今天是初五，即为 5×0.8=4，就是下午 4 点及凌晨 4 点达到高潮。
2. 今天是农历二十，那就是（20-15）×0.8=4，即下午 4 点及凌晨 4 点达到高潮。

第三课 跨海大桥与海底隧道

桥对许多人来说并不陌生。我国是一个有着悠久建桥史的文明古国,至今仍保留着诸如赵州桥这样的千年古桥。然而,对海上大桥,你可能就知之不多,因为海上自然环境恶劣,要建造海上大桥,除需要相应的建筑材料外,还需要特殊的技术。随着科学的发展,特别是建材工业的迅速发展,人们才逐渐有能力建造海上桥梁。

【中国知名的跨海大桥】

杭州湾跨海大桥是一座横跨中国杭州湾海域的跨海大桥。它北起浙江嘉兴,南至宁波,全长36千米,已经成为中国世界纪录协会世界最长的跨海大桥候选世界纪录。

杭州湾跨海大桥

生活在海沧,对于海沧大桥,同学们一定很熟悉,但是你们知道吗,海沧大桥是亚洲第一、世界第二(当时仅次于丹麦)的三跨连续全漂浮钢箱梁悬索桥,代表着20世纪中国建桥水平的最高成就。

厦门海沧大桥

【世界知名的跨海大桥】

金门大桥是世界著名的桥梁之一，也是近代桥梁工程的一项奇迹。大桥雄峙于美国加利福尼亚州长1900多米的金门海峡之上，是旧金山的标志建筑之一。

美国金门大桥

在澳大利亚悉尼的杰克逊海港，有一座号称世界第一单孔拱桥的宏伟大桥，这就是著名的**悉尼海港大桥**。悉尼海港大桥是早期悉尼的代表建筑，它像一道横贯海湾的长虹，巍峨俊秀，气势磅礴，与举世闻名的悉尼歌剧院隔海相望，成为悉尼的象征之一。

悉尼海港大桥

和架设海上桥梁一样，开凿海底隧道也是人类利用高新工程技术，开发利用海洋空间的伟大实践。为什么要建造海底隧道呢？因为海上交通易受天气变化、港口布局的影响，船舶的运载速度远不如铁路快捷方便。作为解决交通问题的一种有效方式，海底隧道大大方便了货物运输，促进了经济发展和科学文化的交流。

 知识小百科

【当今世界最长的海底隧道】

日本的青函隧道，是当今世界最长的海底隧道，高速火车需要13分钟才可全部通过。今天，青函隧道成为贯穿日本南北的大动脉，北海道与本州之间的交通不再受恶劣气候影响，运输能力大大提高。日本首都东京与北海道首府之间的直快列车缩短了6小时。一旦爆发战争，它又是一条难以被切断的海底运输线。

 海洋话题

介绍了这么多的国内外著名的跨海大桥，你们是不是对跨海大桥和跨海隧道充满好奇和疑问？请同学们行动起来，或收集资料，或参观博物馆，或寻找专家，来解答自己的疑问吧。

走向蔚蓝

小小资料库

我们很幸运地生活在厦门。厦门是个海岛城市，历史上靠摆渡与内陆交通。在厦门，有我国第一个桥梁博物馆。坐落在海沧大桥东岸。它的造型独特，内容丰富，技术先进，展示了高科技水平，为海沧大桥增添风采。它集中展示了桥梁运用的科技、桥梁历史、桥梁文化、桥梁现代化、桥梁科普内容，其展教面积有4000平方米。

小小实践家

请同学们利用周末和爸爸妈妈一起到桥梁博物馆参观学习,自己动手制作有关跨海大桥的手抄报吧。

第七单元

辽阔的海疆——海洋国防

你知道中国的领土有多大吗？我想，你一定会说有960万平方千米。这你就错了，中国的领土除了960万平方千米的陆地外，还有300万平方千米的蓝色国土，那就是神秘的海洋。

海洋是生命的起源，最初的生命就起源于海洋。可以说，没有海洋，就没有生命，也就没有人类的今天。

中国早期的海上实力很强，3000年前中国人就到过墨西哥，从秦始皇东巡到徐福东渡、唐宋海上丝绸之路，再到明代初期郑和带领近万吨级的巨船下西洋……可是，明朝后期实行禁海锁国的政策，使中国的海防力量停滞不前。清朝时，又经历了两次鸦片战争、中日甲午战争，被帝国主义国家蚕食得支离破碎，被"打醒"清政府才开始注重海防。下面就让我们一起穿越海洋上经历的风风雨雨吧。

第一课 祖国海疆

海疆就是一个国家临海的疆界,海疆边防是用来抵御外敌侵入、保卫国家和人民的。

知识小百科

中国大陆海岸线长约1.8万千米。海岸地势平坦,多优良港湾,且大部分为终年不冻港。中国大陆的东部与南部濒临渤海、黄海、东海和南海,海域面积473万平方千米。渤海为中国的内海,黄海、东海和南海是太平洋的边缘海。在中国海域上,分布着5400个岛屿。其中,最大为台湾岛,面积3.6万平方千米;其次是海南岛,面积3.4万平方千米。位于台湾岛东北海面上的钓鱼岛、赤尾屿,是中国最东的岛屿。散布在南海上的岛屿、礁、滩总称南海诸岛,为中国最南的岛屿群,依照位置不同称为东沙群岛、西沙群岛、中沙群岛和南沙群岛。

渤海:旧称勃海、北海,是西太平洋的一部分,也是中国的内海。三面环陆,在辽宁、河北、山东、天津三省一市之间。辽东半岛南端老铁山角与山东半岛北岸蓬莱遥相对,像一双巨臂把渤海环抱起来,岸线所围的形态好似葫芦。渤海通过渤海海峡与黄海相通。渤海海峡口宽59海里,有30多个岛屿。

钓鱼岛：中国固有的领土，又称钓鱼山、钓屿、钓台、钓鱼台岛，是位于中国东海钓鱼岛列岛的主岛，距浙江省温州市约358千米、福州市约385千米、台湾基隆市约190千米，面积4.3838平方千米，周围海域面积约为17.4万平方千米，最高点海拔约362米，被誉为"深海中的翡翠"。

【祖国海疆最东端——东福山】

东福山为祖国最东端住人岛，岛东12海里外即公海，也是我国第一缕曙光照耀到的岛屿，面积3.27平方千米，海岸线总长9千米，多为岩岸。据传与秦时方士徐福出海寻丹有关，以"徐福至此"而得名。岛上山高，临大海，悬崖、岩峰众多，周围海水清澈，主峰常有白云笼罩，山、水、云、石融为一体，构成该岛奇特的自然景象。

小小实践家

想想你心中最美的祖国海疆是怎样的，把它画出来。中国的海疆，多么雄伟，多么伟大，它是祖国母亲不可分割的一部分。请同学们小组合作搜集了解祖国的某一处海疆，阅读这一海疆的领域、海军力量等资料。

第七单元 辽阔的海疆——海洋国防

海洋话题

你知道守卫祖国海疆的中国人民解放军海军吗？

原来，中国人民解放军海军是人民解放军中以舰艇部队和海军航空兵为主体、担负海上作战任务的军种，是海上作战的主力，是在人民解放军陆军的基础上组建起来的。中国人民解放军海军兵力由舰艇部队、潜艇部队、航空兵部队、海军陆战队、岸防兵部队、后勤部队等组成。我们在祖国海疆可以看到海军叔叔用自己的汗水和生命维护着祖国的安全！

蓝色任务

我想为祖国海疆最美的解放军哥哥姐姐们做件事。

第二课　屈辱的历史

　　有这样一句话深深地铭记在我的心里:"一个人的创伤只会痛苦一时,一个民族的屈辱将会牢记千年。"我们不能忘记中国屈辱的历史,忘记就等于背叛。如果一个民族忘记了"从哪里来",就不知道应该"到哪里去"。

　　历史与其说画上了句号,不如说留下了感叹号,甚至是更多的问号,要少用省略号。一百多年沉重而痛苦的记忆,给予了人太多的忧伤、悲愤和思索。中国人不应该、不可能、更不可以忘记刻写在中国近代史上的镜头、侧面或片段,虽然斑斑点点,但历历在目:从鸦片战争、第二次鸦片战争、中法战争、中日甲午战争到八国联军侵华战争、日本全面侵华战争,从旅顺大屠杀到南京大屠杀,从鸦片走私、掠卖华工到火烧圆明园,从"猪仔""东亚病夫"到"华人与狗不得入内!"可谓惨不忍睹,闻所未闻!正义与邪恶、文明与野蛮、爱与恨、和平与暴力被定格在这段屈辱的历史中。痛定思痛是民族复兴的开始,屈辱的过去时刻警示着每一位中华儿女:勿忘国耻,振兴中华!

　　《论语》告诫我们:"人无远虑,必有近忧",古希腊哲人说"人不能两次踏进同一条河里",不就是对我们最好的警醒吗?历史就像人类前进的行囊,虽可能沉重但是旅程必不可少的。回顾昔日的创伤虽不免辛酸与伤痛,但只有痛定思痛,才能从中汲取教训。"以史为鉴,面向未来",才是我们正确的选择。

知识小百科

【你知道第一次鸦片战争吗】

1840年6月,英国侵略者为保护鸦片贸易,倚仗其船坚炮利,发动了侵略中国的鸦片战争。英军先后攻陷舟山、虎门、厦门、宁波、吴淞、镇江等地,并霸占香港岛。1842年8月4日,英军进逼南京,中英和约谈判开始。8月29日,中英双方于南京江面的英国战舰上签署了和约。

【第二次鸦片战争】

第一次鸦片战争后,资本主义列强最强烈的愿望仍是从对中国的侵略中扩大权益。1854年和1856年,英、法、美、俄四国提出修约的要求没有得到清政府的允许。于是,英、法两国以1856年亚罗号事件和马神甫事件作为借口,发动了侵华战争。

同学们,你们知道为什么会爆发鸦片战争吗?

137

【你知道甲午中日战争吗】

1894年春,日本趁朝鲜东学党农民起义之机出兵,于7月25日突袭中国北洋舰队,挑起中日甲午战争。战争打响后,两国海军进行了黄海大战。陆上战斗军从朝鲜打到奉天(今辽宁),占领大片领土。1895年年初,又侵占山东威海。政府无心抗战,一再求和,最后派直隶总督李鸿章为头等全权大臣前往日本马关,签订了丧权辱国的《马关条约》。

小小资料库

【鸦片战争的影响】

1. 1842年8月,和英国侵略者签订了中国近代史上第一个不平等条约《南京条约》:

a. 割香港岛给英国(割地);

b. 赔款2100万银元(赔款);

c. 开放广州、厦门、福州、宁波、上海五处为通商口岸(开关);

d. 出口货物交纳的关税税率,中国须同英国商定(商税)。

2. 社会性质的变化:中国自给自足的封建经济逐步解体,开始沦为半殖民地半封建社会。

3. 社会矛盾的变化:外国资本主义和中华民族的矛盾,成为各种社会矛盾中最主要的矛盾。

4. 革命任务的变化:中国人民从此肩负起反对外国资本主义侵略和反对本国封建统治的双重革命任务,中国从此进入旧民主主义革命时期;鸦片战争是中国历史的转折点,是中国近代史的开端。

第七单元 辽阔的海疆——海洋国防

第三课　海防利器

海洋是人类生命的摇篮，风和雨的故乡。当我们沿着历史的轨迹追寻国家兴衰之道时，就会深深感到正是海洋主宰着一个民族的盛衰荣辱。有海洋的地方就有争夺，所以每个国家都要修建"海上长城"来防御外敌的入侵。今天就让我们一起走进中国的"海上长城"，看看我国拥有哪些厉害的海防利器吧！

知识小百科

【海上长城】

严格意义上说，海防是国家为保卫主权、领土完整和安全，维护海洋权益，在沿海地区和海疆进行防卫和管理活动的统称。简单来说，海防就是要防御外敌从海上入侵，保证国家安全。

海上外敌入侵是危及国家领土主权和人民生命财产安全的大问题。明代的倭寇之乱，破坏了东南沿海地区的经济，危害了民众的生命财产安全。清代西方列强的入侵，给国家造成极其严重的灾难，使中国从封建帝国变成半殖民地半封建的衰败国家。来自海上的威胁至今依然存在，甚至是威胁国家安全的主要因素，因此，海防问题一直不容忽视。

中国的海防体系由指挥中心、探测系统、通信系统、打击武器、评估系统构成。我国海防体系打击武器射程覆盖了近、中、远程，发射平台涵盖岸基、舰基、潜基、空基，可实现多平台协同作战，全方位精确打击。

【"海上长城"的勇士】

西方媒体认为中国的海防反舰导弹体系是目前世界上最强大的国家海防系统。现在,就让我们一起看看这个气势恢宏的"海上长城"。

解放军海军按舰队、海军基地、水警区编组,下辖东海舰队、南海舰队和北海舰队。海军基地通常隶属于舰队,下辖水警区和舰艇部队等。海军按照装备和担负的作战任务,分为水面舰艇部队、潜艇部队、海军航空兵、海军岸防兵和海军陆战队五大兵种。目前,海军员额约25万人,拥有53艘大中型驱护舰、42艘现代化潜艇和约600架作战飞机。

第七单元 辽阔的海疆——海洋国防

海洋趣谈：走进"海防利器"

海防利器主要有什么？

随着中国国力的强大，科技的发展，"海上长城"的勇士们也拥有越来越多先进的"海防利器"。下面将给同学们揭秘中国八大近海防御助战兵器！

巡洋舰　登陆舰　驱逐舰　各种型号的战斗机　战舰　两栖登陆舰　潜水艇　航空母舰

141

【海防利器一】

中国海军岸基双联 130 毫米海防炮防利器

我国海军岸防兵主要装备海岸炮和岸舰导弹,是以火力参加海军基地防御和海岸防御作战的海军兵种。他们部署在沿海要地、重要地段、要塞和岛屿,主要任务是:以火力突击敌方舰船;保卫海军基地、港口、要地、水雷阵地和近岸海上交通线;封锁航道;支援濒海地区守备部队作战和濒陆海区活动的舰船等。

【海防利器二】

鹰击-62 远程岸基反舰巡航导弹

鹰击-62 是一种高亚音速超远程反舰巡航导弹,据称射程可达 260 千米。这从根本上改变了台海海上力量的平衡。

《联合早报》报道说,鹰击-62 反舰导弹首次曝光时,曾引发西方国家的强烈关注。重达 300 千克的弹头完全是针对航母或两栖登陆舰等超过万吨的船舰,被称为"航母杀手"。

【海防利器三】

037IG 型导弹护卫艇

"红星"级（037IG 型）大型导弹护卫艇，为中国海军的第二代导弹快艇，20 世纪 80 年代末由上海求新船厂开工建造，1991 年首艇建成交付海军使用，后续艇还正在建造中。

【海防利器四】

022 型导弹护卫艇

022 型隐形导弹艇是中国海军用于替换老旧 021 型导弹艇的新一代导弹艇。其具有高速、隐形、火力强大等突出优点。

【海防利器五】

053 系列导弹护卫舰

该型舰正常排水量 1700 吨，满载排水量 2100 吨，最高航速可达 30 节。舰体采用全封闭、全空调、长桥楼结构，是中国海军第一种具备"三防"作战能力的水面舰只。

全舰作战系统共分六大部分：反舰导弹攻击系统、100 毫米火炮系统、37 毫米主炮系统、反潜系统、电子战系统、作战情报指挥控制系统。

【海防利器六】

歼轰-7系列战斗轰炸机

中国歼轰-7战斗轰炸机,又称"飞豹"战机,是中国第一种较现代化的中程打击机。其主要设计用以进行战役纵深攻击以及海上和地面目标攻击,可进行超音速飞行,主要装备于海军航空兵。

【海防利器七】

苏-30MK2多用途战斗机

苏-30战斗机是俄罗斯针对美国F-15战斗机而研制的一种多用途重型战斗轰炸机,具有超低空持续飞行能力、极强的防护能力和出色的隐身性能,在缺乏地面指挥系统信息时仍可独立完成歼击与攻击任务,包括在敌领域纵深执行战斗任务。目前,它主要装备在中国空军、越南空军等。

【海防利器八】

歼-10战斗机

歼-10战斗机是中国中航工业集团成都飞机工业公司从20世纪80年代末开始自主研制的单座单发第四代战斗机。该机采用大推力涡扇发动机和鸭式气动布局,是中型、多功能、超音速、全天候的空中优势战斗机。

第七单元 辽阔的海疆——海洋国防

小小实践家

同学们,关于海上长城、海防利器,你们还知道哪些呢?其他国家的"海上长城"又是怎样的呢?感兴趣的同学可以在课余搜集资料制成表格,与大家分享哦!

国家	资料	
	"海上长城"等级	主要海防利器
俄罗斯	五颗星	BAL-E 机动海防导弹系统
美国	……	……

小小资料库

同学们,知道了中国海防兵器的"厉害",祖国的海防力量是如此的强大,肯定感到十分骄傲吧?是不是?

"江南"级护卫舰是我国自行研制的第一级护卫舰

"江东"是中国增强舰队防空能力的第一次尝试

"江卫"的服役标志着中国护卫舰研发开始趋向成熟

第七单元 辽阔的海疆——海洋国防

小小实践家

世界上的船只各种各样,快来给船涂上漂亮的颜色吧!

147

第四课 走进军营

"寒风飘飘落叶,军队是一朵绿花,亲爱的战友你不要想家,不要想妈妈……"今天,我们唱起军歌,伴随着优美动听的旋律走进军营,体验军营中丰富多彩的生活,瞻仰军人们的飒爽英姿。

【军营】

"军营"一词最早出自《后汉书·明帝纪》:"诏令郡国中都官死罪系囚减死罪一等,勿笞,诣军营,屯朔、敦、煌。"现在所说的"军营"也就是兵营,即军队留驻的场所,驻扎士兵的住所。同学们,参加过军训吗?知道军人在军营的生活是怎样的吗?

走进军营,我们可以感受到军人那朴实整洁的生活环境,严格森严的军规军律,训练有素的队列,嘹亮粗犷的口号……一股崇敬之情顿时油然而生!"手握钢枪来站岗,保卫祖国永无恙。苦练本事保家园,战场勇猛杀敌狂。血泪铸就英雄魂,不求酬报重任扛。"他们是最可爱的人,头顶军帽,顶着祖国的重托;肩扛钢枪,挑着人民的希望;身着绿军装,裹着钢铁长城般的血肉身躯!中国的军人,人民的子弟兵,向你们致敬。

艰苦并快乐的军营生活：

看完图片，你有什么感受？还知道军人在军营里的哪些生活？说出来与同学们交流交流、分享。

小小实践家

1. 学唱军歌《团结就是力量》《闪闪红星》《打靶归来》《一二三四歌》。

2. 进行队列、内务、军体拳、手旗操等训练。

3. 采访部队里的先进人物，了解部队里的感人故事，学习英雄先进事迹。

如果去体验军营生活,走进军营,你想了解什么?走进军营实践活动应包括哪些内容?同学们,请在老师的帮助下,一起制订"走进厦门海警三支队"的实践活动方案吧。

【我心中的橄榄绿】

一、活动背景

小学中高年级的学生步入少年时代,对未来充满幻想。绝大多数学生是独生子女,平时在家特别享受父母的关爱。因此,利用他们对军人的崇拜之情,带引他们走进军营,参观营地,亲身体验军人生活,感悟军人气质,对于提高学生的生活自理能力,磨炼坚强的意志,有很重要的作用。

二、活动目标

1. 通过了解部队战士的日常生活情况和他们的光荣职责,加强组织纪律性。

2. 组织学生参与军事训练,初步认识现有战略装备的名称、使用方法等,磨炼学生的意志力,增强学生的国防意识。

3. 引导学生深入战士中间,和战士交流谈心,开展联欢活动,让学生亲身感受战士的崇高品质,感受威威军魂,增进热爱中国人民解放军的思想感情,从小树立保卫祖国的远大理想。

4. 训练学生按照军营标准进行集体宿舍内务整理设计,培养学生的动手能力和创新能力。

三、活动内容

(一)走进绿色军营

在艳阳高照的中午,到学校集合,组织学生唱着嘹亮的校歌,徒步走到军营。

（二）感受军人品质
1. 分组参观营地，了解营房布局设施及武器装备。
2. 观看战士训练，与战士交朋友，了解战士们的日常生活情况。
3. 听英模报告演讲，感受军人的崇高品质。

（三）参与军事训练
1. 集合训练；2. 队列训练；3. 拳击训练；4. 操枪训练；5. 站岗训练；6. 各项训练结束，接受部队领导检阅。

（四）体验部队生活
1. 模拟军营宿舍布局，分组开展学生集体宿舍内务设计比赛。
2. 研究打背包的方法，举行叠被子比赛。
3. 学唱军歌，感受军人气势。
4. 到炊事班帮厨，与战士共同进餐，体验部队生活。
5. 联欢活动，学生、战士、教师同台演出。

四、本次活动主题
1. 走进军营，感受军营生活。
2. 走进枪的世界。
3. 走进军人的心灵世界。

蓝色任务

同学们，通过这次实践活动，想必大家收获颇丰吧？你们有什么心声，可以举办"我想对军人叔叔说……"的书信活动，通过小字条传递出来。所以，请把你们心里的所思所想所感全部变成文字，为军营的叔叔们捎去一份份感动！

第八单元

我爱我的家园——海洋保护

　　同学们,你们知道吗?浩瀚的海洋是地球上最大的水体,海洋宽广的胸怀为人类提供了丰富的资源和宝藏。海洋虽然广阔,但她很脆弱,受到污染时很容易破坏其生态平衡,损害水产资源,危害人类健康。因此,保护海洋环境是全人类共同的任务。我们都要行动起来,保护我们朝夕相处的海洋。

第一课 大海在哭泣

小朋友们,你们知道大海为什么哭泣吗?

知识小百科

海岸垃圾: 我们都喜欢阳光、沙滩、海浪,但是由于一些人的不文明行为,给美丽的海滩带来不和谐的音符。海岸垃圾就是在海岸边活动的人遗落的,或是海浪从海里带上来的,有烟头、木棒、塑料袋、果壳果皮等。这些丢弃在海岸的垃圾不但会引起视觉不快,而当这些垃圾随着潮起潮落卷入大海时,将会威胁濒危海洋动物的生存。

白色污染: 海洋中大约有1亿吨的塑料垃圾。这些垃圾大多来自人们在陆地上丢弃的废弃物,被带入河流、排水管和下水道,被带到海洋之中。还有人们在海上行船的时候直接扔下去的。塑料垃圾对海洋生物的生长生存造成巨大的威胁和致命的伤害。每年会有数十万只海鸟因为吞食或被缠在海洋白色垃圾中死亡。现在,塑料垃圾对动物的伤害和威胁越来越严重。

大量珊瑚礁死亡：地球上的珊瑚 50% 已经死亡了。珊瑚礁是无数海洋动物的居所，如果珊瑚礁灭绝了，人类就失去了一个艳美的源泉和生物物种，也失去了在飓风肆虐期间抵御海浪的水下屏障。

海洋灾害——赤潮：导致赤潮发生的人为因素主要是海水污染和过度的海产养殖。在赤潮发生的海域，水产品含有毒素。赤潮不但能让小鱼小虾们因为缺氧而死亡，还会使食用有毒水产品的人中毒甚至危及生命！

海洋探秘

查资料——去图书馆或上网查阅有关海洋环境日趋恶化的资料，完成关于海洋环境日趋恶化情况及造成海洋环境恶化问题原因的调查表。

- 海洋环境受到了哪些污染？
- 是什么破坏了海洋环境？
- 你在课外还了解到关于海洋污染的哪些事情？
- 海洋是怎么生病的？

第二课 海洋环保 从我做起

同学们,当我们了解到大海在哭泣以后,应该知道只有保护好海洋环境才能保护好我们的生存环境。对于海洋环保,应该怎样做呢?

知识小百科

清理海滩: 每年9月的第三个星期六是"国际海滩清洁日",它始于1985年,是全球规模最大、运作最成功的志愿者垃圾清理行动。每年的世界地球日和世界环境日,我国沿海城市包括厦门,都要组织一些清理垃圾的活动。在活动中,海洋环保社团和海洋环保志愿者积极向民众宣传清扫海滩的重要性和必要性,提高广大公众"保护海洋,清洁海滩"的环境保护意识。

关注和保护海洋生物赖以生存的珊瑚礁: 五彩斑斓的珊瑚礁下蕴藏着丰富的生物资源,多种鱼、虾、贝、藻和其他门类的海洋生物栖息于此。珊瑚礁还可以吸收大量的二氧化碳,保护海岸带,储存油气资源,提供新的海洋药物。但有些地方的居民在利益的驱使下,偷盗、买卖珊瑚活体。珊瑚礁一年只能长几厘米,人们一锄砸过去,万年积累的珊瑚礁将化为乌有。现在,珊瑚礁正面临危机,需要全人类的关注和保护。

关注和保护红树林：
根部深深扎于海水中的红树林可防御海风，抵制海浪侵袭，保护农田和村镇，被誉为"天然的海防卫士"。红树林的根系发达，枝叶繁茂，不仅可以大量吸收海洋中的污染物，净化海水，也构成热带海岸独有的美丽景观。其海岸湿地生态系统是众多鸟类和海洋生物栖息、繁衍的理想场所。然而，有的人一次次地围海垦地，大面积的网箱养殖，大肆砍伐，把千百年生长于此的宝藏毁于一旦。同学们，当你看到伤害红树林的行为时一定要加以制止，或向有关部门举报。

学校同学在考察海沧湾枝繁叶茂的红树林

 海洋话题

保护海洋环境，我们可以怎么做？

 小小实践家

保护海洋是我们的责任。同学们，请行动起来吧，从现在做起，从自己做起，从身边一点一滴的小事做起。

第三课　未来计划

同学们，为了明天，我们要让海洋保持干净。将来，还能利用海洋资源服务于人类呢！

知识小百科

【海洋能发电】
利用海洋蕴藏的能量发电。

【海底度假村】
乘坐往返列车，前往海底宾馆。这些海底往返列车还可以带着我们在海底到处游玩。

【住在大海里】
建筑师设计构思了一些海底城市来解决人口过剩国家的住房危机。我们很快就可以住在大海里面了。

海洋话题

运用你了解的海洋知识,发挥想象力,畅想未来的海洋是什么样子的。

> 2060年,我关上海底别墅的门,驾着私家潜水艇向市中心驶去。

> 海洋环境越来越坏,地球已经满目疮痍。海底火山集体喷发,隐忍许久的地球终于发火了……

> 我是这么想的……

> "物质转化仪"能把盐水转换成淡水,在淡水里的鱼都会说话了。海洋深处有取之不尽的能源矿产,可以弥补陆地上的不足。

小小资料库

波塞冬海底度假村:位于南太平洋岛国斐济境内的一个私人小岛上,是世界第一的星级海底度假酒店,12米深的海底客房拥有270度的广角视野,可供客人饱览珊瑚礁和水中生态景观。酒店还提供潜水艇,供顾客考察周边暗礁。

海底城市设计——海洋拥有广阔的开发空间,从自给自足的乌托邦式城市到超现代倒立式摩天大楼和博物馆,四大洋可以为各种类型的水下之城提供梦幻般的环境。在目前公开的由多国设计师参与的水下城市设计中,包括澳大利亚海洋城、"海底生物圈2"号、水下刮刀式摩天大楼等天马行空的奇思妙想。海洋的确让人类的未来充满无限可能。

第八单元 我爱我的家园——海洋保护

小小实践家

请用笔把你畅想的未来海洋写出来或画出来。

第九单元

大海啊，故乡——精神家园

翻开地图，福建如同一片绿叶，漂浮在南中国的大海上。这里有中国最曲折的海岸线和最具海洋精神的中国人，绿色的山林中隐匿着令世界震惊的壮观建筑和多样生物。这片自山向海的土地上，演绎着许多与海洋有关的传奇。

第一课 民间信仰与民俗活动

海洋趣谈：民间信仰

福建由于地处海隅，生活、生产条件较差。在古代生产力较为低下的情况下，人们往往将希望寄托在某种超自然的神灵身上，以期在困难时得到保护。所以，福建民间信仰很盛，在全国具有突出的地位。

知识小百科

【海神妈祖崇拜】

在福建省莆田市湄洲湾口，有一个美丽的岛屿叫湄洲岛。岛上有一座巍峨雄伟、金碧辉煌的庙宇，供奉着世界闻名的"海神"妈祖。

有没有同学知道我呀？

小小资料库

妈祖（960—987），又称天妃、天后、天上圣母等，原名林默（娘），北宋福建莆田湄洲屿人。传说她生前曾得仙人点化，能预知人的祸福，为民治病，且熟知水性，经常救护海难船只。她死后，乡人感其恩德，立庙祭祀。后有商人运载货物，往国外贸易，到庙祈求如能福利双收，愿立新庙，三年后，安全返航，大盈其利，遂捐资大扩庙宇，建成湄洲妈祖庙。

海洋趣谈

妈祖出生于仕宦之家，是当地的望族。父亲林惟悫，母亲王氏，二人多行善积德。

一天晚上，王氏梦见观音大士慈祥地对她说："你家行善积德，今赐你一丸，服下当得慈济之赐。"于是，她便怀了孕。妈祖降生时，只见一道红光，从西北射入室中，光辉夺目，香气飘荡，久久不散。又听得四周隆隆作响，好似春雷轰鸣，地变紫色。因生得奇，她甚得疼爱。她出生至满月，一声不哭，因此，父亲给她取名"默"。

生长在大海之滨的林默，通晓天文气象，熟习水性。湄洲岛与大陆之间的海峡有不少礁石，在这个海域里遇难的渔舟、商船，常得到林默的救助，因而人们传说她能乘席渡海。她还会测吉凶，必会事前告知船户可否出航，所以又称她为"神女""龙女"。

知识小百科

妈祖文化是我国海洋文化史上重要的民间信仰，博大精深。海洋防灾减灾是妈祖文化的重要特征和内涵，发扬妈祖文化对于推进我国海洋减灾工作具有积极意义。

妈祖文化蕴含着"护航消灾祈求平安"的历史内涵，对促进海洋防灾减灾事业交流与合作，推动21世纪海上丝绸之路沿线国家和地区共建和谐海洋、实现共同发展有着重要的时代意义。

> 我还想知道更多关于民间信仰的故事！

【保生大帝是谁】

保生大帝吴夲（tāo），宋代同安白礁（现属龙海县）人，生于北宋太平兴国四年（979年）三月十五。他自幼看到百姓缺医少药，受到病痛折磨，立志拜师学医，很快就精通医术，名闻遐迩。吴夲医术高超，医德高尚，终生致力于治病救人，为百姓施医送药，无论贫富贵贱均一视同仁，深受百姓爱戴，被称为神医。据说他治好宋仁宗母后的乳疾，名声大振，封号为"妙真道人"。景佑三年（1036年）五月初二，他上山采药时不幸落崖身亡，百姓缅怀其恩德，奉其为医神，称吴真人，在他的出生地建白礁慈济宫、炼丹处建青礁慈济宫（现属厦门市海沧青礁村）供人进香。南宋以后，吴夲的影响逐渐扩大至闽中、闽北、闽西乃至两广、台湾。朝廷对他多次敕封，明王朝封其为"保生大帝"，遂沿用至今。

福建、台湾民间至今仍有不少百姓信奉保生大帝，奉其为神医。宫庙中有药签，每支药签附一剂药方。百姓生病时到宫庙烧香求药签，依药方治病。现在，有些宫庙已同时聘请老中医坐堂义诊。每逢保生大帝诞辰日，各宫庙热闹非凡，进香者络绎不绝。各宫庙还要派人到祖庙接香，抬着保生大帝的神辇绕街游行。当晚还举办各种活动庆祝，如演戏、猜灯谜、南音演唱等，这些都成为重要的百姓民俗节日。

我爷爷跟我讲过保生大帝的故事！

我看过关于保生大帝的电视剧！

真的吗？快告诉我们吧！

我也知道……

【临水夫人是谁】

临水夫人，原名陈靖姑，福州下渡人。唐大历二年（767年）出生于一个世代行巫的家庭。传说她曾接济过一饿妇，饿妇深受感动，遂传授秘术，使她掌握了呼风唤雨、降妖救灾的法术。陈靖姑18岁出嫁到古田县临水村。贞元六年（790年），福州大旱。为缓解福州地区旱情，她脱胎祈雨，不幸身亡，终年24岁。当地群众感念其德行，在临水村立庙祭祀，民间称其为"临水夫人"。宋淳祐年间被朝廷敕封为"顺懿夫人"。由于她临终前曾发誓死后要成为"扶胎救产"之神，故陈靖姑既具有祈雨的职能，又转而成为主司人间生育之神。

凡遇上求子、难产、疾病或生育者，都要去临水夫人庙（又叫娘奶庙、奶娘庙）进香，农历正月十五日尤盛。求者祷告后再采朵神案上花瓶的白花，藏在怀里带"子"回家，俗称"请花"。有的希望分娩顺利、孩子健康，也去祈求临水夫人。故她的职能主要是"扶胎救产，保赤佑童"，成为妇女、儿童的保护神。临水夫人的影响遍及福建全省和浙江南部，清代传入台湾。

福建地处东南沿海，境内崇山峻岭纵横，深溪急流密布，山多地少，交通不便，各地民众经济文化等发展水平不平衡，所谓"十里不同风，百里不同俗"，因而形成许多奇特的风俗习惯。

你知道吗？福建背山面海，海上生产和交通事业发达，素以造船和航海技术的先进而誉满天下。有关造船和航海的风俗习惯很多，且富有地方特色。

对于渔家来说，造船是和盖高楼一样重要的大事，必须十分认真慎重。

【造船有寓意】

船的主心骨"龙骨"的木头必须挑选最好的，不得有丝毫的霉腐。造船有一套严格的祭典礼仪，要请星相师选好吉日良辰，摆上供品，敬拜天神，方能动工。造船中安钉"龙骨"的仪式最为讲究。因为人们把船视为有灵之物，船底龙骨是整条船的灵魂所在。

钉"龙骨"时，先把一块数尺长的红布钉在"龙骨"料上，象征渔业吉祥，红红火火。接着，在一阵鞭炮声中，将"龙骨"装钉好。闽南沿海往往在"龙骨"缝隙中塞进数枚铜钱，人们认为铜钱能驱邪，装有铜钱就意味着能破除水妖风邪，使航行顺利。也有的地方在"龙骨"缝中装进数锭白银，寓意发财；有的装进金银纸，寓意以钱开道，逢凶化吉。船头要刻画一对"龙目"，以把握方向，避免迷失方向或触礁搁浅。

【出海有忌讳】

渔船或商船出海，一般要到妈祖庙进香，求问出海佳期。船上设有神龛奉祀妈祖和关帝。航行途中，发现有死尸必须设法捞上来，并采取防腐措施暂时保存，等到岸上时统一埋葬于无名墓地。如果有亲属认领，这家亲属就要买香烛、纸钱、鞭炮和红布，上门酬谢船主，船主也要焚香祭神，报告自己所做的积德之事。出海时，船上的物品不许倒放，因为倒放意味"翻船"。煎鱼只能煎一面，不能把鱼翻过来煎，这也意味出海会翻船。吃鱼时吃了上面的鱼肉，要吃下面的鱼肉必须把骨头剔开，不能把鱼翻过来，这与忌讳翻船是同一道理。船工解手不能站在船头，因为那是对海神的大不敬。凡此种种，都表达了船民祈求生产发展、生活安康的良好愿望。

> 这首歌谣真有趣，你会唱吗？它有什么故事吗？

> 它是闽南的一个民俗！你知道"送王船"吗？

天黑黑　要落雨
海王船　要出岛
阿爸出海去讨鱼
阿母烧船送王船
一送金银和财宝
二送粮草摆酒桌
三送神明去护保

知识小百科

【纸船明烛照天烧——闽台"送王船"民俗】

【送王船】：又称烧王船、祭王船、贡王等，是一种消灾祈安的祭典，是王爷信仰中最具代表性的科仪，是闽南人对海洋的敬畏和感恩，闽台海洋文化的表征之一。

所谓送王船，就是在特定的日子，建造一只精美的"王船"，装载金钱、柴米油盐等生活用品和鸡羊等牲礼，请来代天巡狩的王爷上船，将孤魂野鬼一并带走，意在消除灾难，祈求风调雨顺、国泰民安。整个活动从"造王船"开始，接着"游王船"，最后"烧王船"，以"烧王船"环节为高潮。2011年6月，被公布为第三批国家级非物质文化遗产名录。

小小资料库

送王船是送"代天巡狩"的王爷。关于王爷的传说尚无定论，最早的可追溯到明初，最晚也到清代雍正年间。2004年，同安区西柯镇吕厝村送的是第148任王爷，依四年一次推算，已有500多年的历史。此王爷并非代表"瘟神"，而是代替皇帝巡游四方、赏善罚恶，保佑风调雨顺、国泰民安。一般是三四年举行一次，通过掷筊在固定的农历月份确定某一天举行送王船仪式，制造一艘王船，或是用杉木制成，或是纸制，把王爷请上王船，载上柴、米、油、盐以至各项生活用品等实物，在海边焚烧。

1982年间,海沧、石塘、钟山等社根据30多年前的传统俗例,恢复王爷莅临值年习俗(石塘、钟山、海沧三社每三年轮值一届),举行造王船游境踩街的盛大庙会,旨在祈求"国泰民安,风调雨顺,平安社里,兴旺发达,众生活跃、百业昌盛"。钟山村水美宫有联曰:"代天宜化九州花似锦,巡狩爱民四海歌如潮。"

王爷号称"代天巡狩",即替天子巡境视察,类似钦差大臣,享有"遇县吃县,遇府吃府"之荣。关于"王爷",民间众说纷纭。据传王爷有5位(另一说36位),分别是鲲鯓朱府王爷、吴府王爷、池府王爷、李府王爷、范府王爷,具体名字无人知晓。因无具体的金身木雕像,一直以来都是用一块写着"代天巡狩"四个大字的牌位来代替。信众须在农历六月中旬卜筊确定当年是何位王爷莅境,是年就要造王船、游王船、烧王船。

送王船仪式是中华传统文化的组成部分,其信仰习俗由于历史悠久,信众数以万计,且长盛不衰。它也是大陆同海外华人华侨、台湾同胞民间文化交流的纽带。人缘关系创造了神缘关系,神缘关系又密切了人缘关系。对于王爷的崇拜,在海外华侨、华人中具有深远的影响,也是海外华侨与华人回乡探亲、寻根谒祖和进香朝拜的"根"之一,发挥着联系海内外亲人情谊、增进共识、促进民间文化交流的社会功能。

小小实践家

你还知道闽南地区的哪些民俗活动?搜集资料试着讲给大家听,看谁能得到故事大王比赛的第一名。

第二课　民族英雄

天地英雄气，千秋尚凛然。一个没有英雄的民族是悲哀的，一个不崇敬英雄的民族是没有希望的，一个数典忘祖、忘却英雄的民族是有可能消亡的。

知识小百科

【郑和下西洋】

你知道吗？2000多年来，我们的祖先探索出了多条连接亚欧非大陆经贸交易、人文交流的通道，后人将其统称为"丝绸之路"。这些古老、壮观的"丝绸之路"，不仅是东西方经济交流的大动脉，也是文化交流的大运河。回望历史，浩浩荡荡，郑和七下西洋堪称中国海上"丝绸之路"最壮丽的诗篇，也是人类航海史上的第一座高峰。

海洋趣谈：民间信仰

郑和第一次下西洋，顺风南下，到达爪哇岛上的麻喏八歇国。当时，这个国家的东王、西王正在打内战。东王战败，属地被西王占领。郑和船队的人员上岸到集市做生意，被占领军误认为是来援助东王的，一些将士被西王麻喏八歇王误杀。郑和部下的军官纷纷请战，说将士的血不能白流，急于向麻喏八歇国宣战。西王得知后十分惧怕，派使者谢罪，还要赔偿六万两黄金以赎罪。郑和第一次下西洋就出师不利，无辜损失了这么多将士，按常情必然会引发一场大规模战斗。然而，郑和得知这是一场误杀，又鉴于西王甘愿请罪受罚，于是禀明皇朝，化干戈为玉帛，和平处理这一事件。西王知道后，十分感动，两国从此和睦相处。

第九单元 大海啊，故乡——精神家园

知识小百科

郑和下西洋是中国古代规模最大、船只最多（240多艘）、海员最多、时间最久的海上航行，比欧洲国家航海早半个多世纪，是明朝强盛的直接体现。郑和远远超过将近一个世纪之后的葡萄牙、西班牙等国的航海家，如麦哲伦、哥伦布、达伽玛等人，堪称"大航海时代"的先驱，是唯一的东方人。

海洋探秘

查阅郑和的相关资料，课上与同学分享吧！

【郑成功收复台湾】

你知道吗？著名文学家、史学家郭沫若曾撰写一副对联："开辟荆榛千秋功业，驱除荷虏一代英雄。"你知道是在赞颂谁的历史功绩吗？

美丽富饶的宝岛台湾，自古以来就是我国的神圣领土。明朝末年，荷兰侵略者强占了台湾。台湾人民恨透了这伙强盗，不断进行反抗斗争。少年时代的郑成功，曾亲眼目睹荷兰侵略者在家乡福建沿海地区烧杀抢掠、残害乡亲，从小就十分憎恨荷兰侵略者。后来，郑成功成为统率千军万马的将领，便移师金门、厦门一带，决心进军台湾，赶走荷兰侵略者。1661年4月21日，郑成功率领2.5万将士，分乘数几百艘战船，浩浩荡荡渡海东征，开始进行驱逐荷兰侵略者的正义之战。

荷兰侵略者获悉我军进军台湾的消息，十分恐慌。他们把军队集结在赤嵌城和台南城，还在港口沉下许多破船，企图阻挡我军船队登陆。郑成功利用海水涨潮之机，绕过敌军设置的炮台和重兵把守的港口，从鹿耳门登陆。荷兰侵略军不甘心失败，又调动"郝克托"号等战舰，张牙舞爪地开了过来，猖狂反扑。他们妄图凭借高大坚固的铁甲战舰和大炮，阻止我军继续登陆。

郑成功沉着镇定，指挥我军战船和战舰展开激战。英勇的我军将士冒着敌军密集的炮火，驾驶战船向敌舰冲去。他们在近处团团围住敌舰，使敌舰的大炮失去威力。突然轰隆一声巨响，所有舰船都震动起来，海面上掀起十几丈高的巨浪。原来，我军的炮火击中了敌舰的弹药库。敌军惊恐万分，乱作一团。我军将士乘势用铁钩钩住战舰，争先恐后跳了上去。敌舰官兵无法逃脱，只好举手投降。至此，我军取得了登陆战斗的重大胜利。荷兰侵略军遭到惨败，便龟缩在赤嵌、台湾两座城里不敢应战。他们派出使者向郑成功求和，说只要我军退出台湾，他们愿意贡送十万两白银慰劳。

郑成功喝退敌军使者，派兵猛攻赤嵌城。城里敌军负隅顽抗，垂死挣扎。在围困8个月之后，郑成功下令向台湾城发起强攻。荷兰侵略军粮尽水绝，走投无路，只好举起白旗投降。1662年年初，敌军头目被迫来到我军大营，签字投降。在我军将士潮水般的欢呼声中，荷兰侵略者垂头丧气地离开侵占38年之久的台湾。台湾宝岛重新回到祖国怀抱，台湾同胞男女老幼个个喜气洋洋。他们成群结队，箪食壶浆，慰劳将士。台湾各地街头巷尾，鞭炮之声不绝于耳，人们载歌载舞，欢庆自由。

郑成功收复台湾以后，鼓励垦荒种田，大力发展生产，倡导教育，兴办学校，帮助台湾同胞改善生活，提高文化水平，有力地促进台湾的发展。这位伟大的民族英雄，虽中年英逝，但他收复宝岛台湾的丰功伟绩，永远铭记在中华儿女的心中。

【开台王颜思齐】

  1624年,在同伴的建议下,颜思齐带领船队来到台湾,开始了他与台湾的不解之缘。他们在台湾驻扎之后,招募漳州、泉州一带的移民3000多人前往台湾开垦荒地,拉开了大规模开发台湾的序幕,并从大陆带去丰富的文化和技术,改写了台湾的历史。颜思齐因此被称为"开台圣王"。

  初涉台湾,人地两生,摆在颜思齐面前的是恶劣的生存环境、一些心怀敌意的台湾少数民族、荷兰入侵者的挑衅……沧海横流,方显英雄本色。颜思齐和他的伙伴们以闽南人特有的勇气和智慧迎接了一个又一个严峻的挑战。他们用善意和真诚化解与台湾少数民族的矛盾,以先进的耕作技术给他们带来丰衣足食。精诚所至,金石为开。他们的一片赤诚终于赢得信任,得到回报。他们与台湾少数民族的友好关系终于建立起来了。

  不得不说,颜思齐是充满智慧的领头人与开拓者,处世和平服众,建设因地制宜,兢兢业业,带领人们过上幸福生活。由蛮荒之地"夷洲"到宝岛"台湾",这一块宝地是颜思齐开拓出来的,他亲手勾画的台湾发展蓝图。没有他当年所做的一切,就没有今天中国的宝岛。

> 同学们,课下可以观看纪录片《开台王颜思齐》哦!

小小资料库

【海洋赤子周起元】

周起元，福建厦门海沧后井村人，"东林党后七君子"之一，一代廉吏，历史上具有远见卓识的海洋文明先驱。

周起元所处全球大航海时代开启初期，撰写《东西洋考》序言，主持修建圭屿塔，大力支持开拓海上航路，保护并鼓励月港和海洋贸易。他回报桑梓，身死魂存，历代缅怀。

蓝色任务

我生活在大海边，要找一找身边为海洋事业做出贡献的"海洋人"。

第三课 爱国华侨

中国是一个历史悠久的国家，大陆人民、台湾同胞、海外侨胞，都是中华儿女。海外华人不仅有一颗爱国心，还为祖国的发展做出了杰出的贡献。

【华侨旗帜陈嘉庚】

你知道吗？陈嘉庚是我国杰出的爱国华侨领袖和著名的大实业家。

海洋趣谈

17岁时，陈嘉庚远涉重洋，到新加坡学做生意。凭着辛勤的劳作和诚信的经营，他的生意渐渐兴隆起来。但是，远在异乡的他，却时时想念着自己的故乡——福建省同安县集美镇。

几年后，陈嘉庚回到集美。故乡的山，故乡的水，在他看来，一切都是那么亲切。顺着熟悉的巷子，他一边慢慢地走着，一边看着镇里的变化。

当走过小时候念书的私塾门口时，他发现私塾已经关闭。一打听，原来是镇里穷，很多孩子交不起学费，私塾办不下去了。陈嘉庚心里很着急，他想：孩子是祖国的未来，要是上不了学，那怎么行呢？

回到家里,他拿出积蓄,对妻子说:"我想用这些钱办所学校。我们自己有吃有穿就行了,有钱多花,没钱少花。"

"这些钱是你下南洋辛辛苦苦挣来的呀!怎么能就这样都用掉呢?"妻子有些犹豫。

"钱花掉可以再挣,孩子们学习的时间耽误了,可就再也补不回来了!"在陈嘉庚的耐心劝说下,妻子被说服了。

学校办起来了,孩子们琅琅的读书声又响了起来。陈嘉庚特别喜欢到学校走走。每次到学校,他总要站一会儿,静静地聆听,仿佛在欣赏美妙的音乐。

从此,陈嘉庚一边在海外打理生意,拼命工作,一边把赚来的钱源源不断地寄回家乡,兴办学校。他在集美先后办起小学、中学、师范,还办起了水产学校、航海学校、农林学校、商科学校。1921年,他又用自己的全部积蓄创办了福建省第一所大学——厦门大学。这时的陈嘉庚已年近五旬,两鬓染上斑斑白霜。他常常对人说:"要想让祖国立足世界,不受外国欺侮,必须从兴办教育开始。"

集美在陈嘉庚的带领下,逐渐从小渔村变成学村。

集美学村

龙舟池畔

陈嘉庚纪念馆

归来园

嘉庚公园

集美大学

小小实践家

假如你穿越时空见到了陈嘉庚，想对他说些什么？

我想说：

【万金油大王胡文虎】

你用过虎标万金油吗?你知道它背后的故事吗?

小小资料库

胡文虎是南洋著名华侨企业家、报业家和慈善家,被称为南洋华侨传奇人物,原籍福建龙岩。

海洋趣谈

1909 年,胡文虎专门调查研究有利于治疗头痛、腹痛的中草药,并购买了一些西药片、药粉和药水。他回到香港后,又着手扩充永安堂虎豹行,聘请中西医、药剂师多人,反复研究和试验,研制丹、膏、丸、散成药百种,最后制成"头痛粉""清快水""万金油""八卦丹""止痛散"5 种虎标良药,其以物美价廉、服用简便、功效迅速、携带方便而深受用户欢迎。

1914 年,胡文虎又在新加坡兴建新药厂,将永安堂总行迁至新加坡,先后在新加坡、马来西亚、中国香港等地广设分行。

1932 年,他在厦门、福州、上海、天津、桂林、梧州、澳门、台湾等地,以及菲律宾、越南、荷属东印度(今印度尼西亚)等地设立分行。从此,虎标万金油等药成为中国和东南亚各地居家必备、老少皆知的良药,胡氏兄弟一跃成为东南亚华侨中著名的"百万富翁"和独一无二的"药业大王"。

海洋探秘

我知道胡文虎不仅是"药业大王",还是"报业大王"呢!查阅胡文虎的相关资料,课上和同学分享吧!

小小资料库

【传奇人物林文庆】

林文庆是个传奇式的历史人物,一生多姿多彩。他是一代名医,也是勇于开拓的企业家;是雄辩滔滔的立法议员,也是移风易俗的社会改革家和教育家;是忠实的新加坡国民,不知疲倦地为侨居地华人请命,又是赤诚的民族主义者,始终心系故国,支持中国的维新变法,并投身孙中山领导的民主革命。他一生的成就是多方面的,在我国辛亥革命史和新加坡华人史上,都留下了他的足迹。

海洋趣谈

林文庆热心公益,创办了新加坡第一所女子学校、英皇爱德华医学院,被授名誉院士。他身负多职,曾任新加坡立法院华人议员、市政府委员、内务部顾问,新加坡中华总商会副会长,后来又任孙中山的秘书和医生,还曾任临时政府内务部卫生司长(实为总长)、外交部顾问。

除此之外，林文庆也堪称商业巨子。他创办新加坡华人商业银行、创建"和丰银行"和"华侨保险公司"，引种巴西橡胶到南洋种植成功，橡胶园获得巨大收益，被陈嘉庚尊为"南洋橡胶之父"。陈嘉庚就是在他的影响下经营橡胶园的。

尽管林文庆在公益事业、政界及商界中均取得了巨大成就，但在陈嘉庚的聘请下，他毅然辞掉一切职务，到厦门大学担任校长达 16 年。其间，他还兼任鼓浪屿医院院长，为支持厦大，将为人诊病所得、全年薪金以及夫人的私房钱都捐献给厦大。1937 年，厦大由私立改为国立，林文庆返回新加坡。1941 年，在日寇的刺刀下，他违心接受"华侨协会"会长的职务。战后，他对此深感内疚，闭门谢客。1957 年元月，林文庆在新加坡逝世，终年 88 岁。临终遗嘱中，他将五分之三的遗产和鼓浪屿的别墅故居捐献给了厦门大学。

你的记忆力真好！没错！他曾经是厦门大学的校长，跟陈嘉庚也有一些渊源呢！

我记得上次去参观厦门大学时看到过"林文庆"这个名字。

互动吧

同学们，在这个单元中，你们学习了很多知识，对不对？让我们一起来分享下，看看都收获了什么知识吧！

我的收获是：

第十单元

美丽厦门岛——海丝寻梦记

"厦门,就像一首歌",正如歌词中写的,这里阳光灿烂,海浪迷人,好花常开,好景常在。128平方千米的一个小岛,到处飞红流翠、燕舞莺歌。毫不夸张地说,我们生活在一个醉人的海上花园里。现在,让我们一起踏上这个美丽的岛屿,追寻那些有关蓝色大海的传奇之梦吧!

第一课 穿越时空，重返海丝路

知识小百科

　　海上丝绸之路是古代中国与外国交通贸易和文化交往的海上通道，该路主要以南海为中心，所以又称南海丝绸之路。海上丝绸之路形成于秦汉时期，发展于三国至隋朝时期，繁荣于唐宋时期，转变于明清时期，是已知的最古老的海上航线。

小小资料库

传统的丝绸之路，起自中国古代都城长安，经中亚国家阿富汗、伊朗、伊拉克、叙利亚等到达地中海，以罗马为终点，全长6440千米。这条路被认为是连接亚欧大陆古代东西文明的交汇之路，丝绸是最具代表性的货物。随着时代发展，丝绸之路成为古代中国所有政治、经济、文化交往通道的统称。

小小实践家

我们找一份世界地图，在上面画一画海上丝绸之路的航线吧！

还有草原丝绸之路，我想拓宽自己的知识！

海上丝路还有许多有趣的故事，不如我们一起去查找资料，举办一个交流分享会吧！

了解了古代海上丝路，我还想了解陆上丝路！

我也是！

好主意！快快行动起来！

第二课 走近当代海丝路

2013年9月,习近平爷爷分别提出建设"新丝绸之路经济带"和"21世纪海上丝绸之路"的合作倡议,也就是"一带一路"。

"一带一路"如何为人民造福的呢?

知识小百科

共建"一带一路"顺应世界多极化、经济全球化、文化多样化、社会信息化的潮流,符合国际社会的根本利益,彰显人类社会共同理想和美好追求,是国际合作及全球治理新模式的积极探索,将为世界和平发展增添新的正能量,让各国相逢相知,互信互敬,共享和谐、安宁、富裕的生活。

 **海洋探秘**

对比古今海上丝绸之路,有没有什么收获呢?小组讨论下吧。

我的收获是:

第三课 我们的家，我们的海丝文化

在"一带一路"的推动和发展下，我们的家乡——厦门获得支持建设国家海洋经济发展示范区的称号！

知识小百科

厦门是"一带一路"的重要节点城市，也是国际性综合交通枢纽城市，还是我国正式批准建设的四大国际航运中心之一。从地理位置看，厦门海上航线本就南接东南亚，东连中国台湾。随着中欧（厦门）班列的开通，厦门通过海铁联运将揽货延伸至台湾地区。因此，厦门构造出一条向东南连接中国台湾及东南亚地区、向西横跨欧亚大陆的国家物流新通道，成为"一带一路"无缝对接最重要的陆海枢纽城市。

2017年7月8日，第一列直通欧洲的国际班列——中欧（厦门—汉堡）班列，从厦门自贸试验区海沧园区驶去，于16天后抵达目的地德国汉堡。直通，意味着更快、更高效。中欧列车的开通，为厦门"一带一路"建设积极发力！作为全国首个自贸试验区开出的首列中欧班列，这辆列车沿着"丝绸之路经济带"，搭建起一条向东连接东南亚、向西横跨欧亚大陆的国际物流新通道，助力厦门成为"一带一路"经济带上重要的海陆交通枢纽。

我想知道这趟"中欧（厦门）"列车是什么时候起航的呢？

第十单元 美丽厦门岛——海丝寻梦记

一提起嵩屿码头，相信大家一定不陌生，不过你们知道这个名字的由来吗？

小小资料库

相传南宋末年，元军攻破了南宋都城，大臣们保护年幼的皇帝奔逃。他们一行人由五通登陆厦门，再转道东渡坐船到嵩屿岛上。这天刚好是皇帝生日，大臣们祝愿皇帝"寿比山高"。皇帝开心，便把"山高"两个字赐给了这座小岛，也就有了"嵩屿"名字的由来。

191

知识小百科

蓝色海湾广场坐落在美丽的嵩屿码头上,她好像一条蓝色飘带,从码头综合楼一直延伸到广场路口,向游客们展示着海沧引人入胜的湾景。靠海的一侧,有一处观景台,可以远望白鹭保护区和海沧湾的景致。广场周边,除了种植遮阳的树木外,还设置了休息区,供大家乘凉休息。海湾广场呈现了海沧的自然风光,给村民、游客和下一代人增加了了解古渡口丝绸文化的窗口,有助于我们更好地了解厦门,了解海沧的辉煌历史。

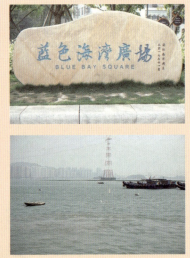

蓝色任务

我们一起去逛逛嵩屿码头吧,说不定会有意外的收获哦!

我的收获是:

 **互动吧**

通过这个单元的学习,相信同学们了解了很多知识。我们一起来分享,看看你们都收获了什么知识吧!

我的收获是:

后 记

厦门市海沧区天心岛小学创办于2011年9月，学校在创办之初即确立了"以海洋文化引领学生素质全面发面"的办学理念，追求开放的办学模式，追求多元的人才质量，通过"亲海冶情，依海启智，以海励志"，实现立德树人、培养核心素质的办学目标。2014年，天心岛小学被评为"全国海洋意识教育基地"，成为福建省小学中第一所"全国海洋意识教育基地"。

为了更好地创建海洋特色学校，通过课程让学生认识海洋、热爱海洋、保护海洋，把海洋意识教育落到实处，并在课程实施中培养学生合作探究、实践创新的能力，2012年7月，天心岛小学从仅有的30余位教师中选派了部分教师着手编写《走向蔚蓝》校本课程。

海洋教育博大精深，科学性、专业性强，编写这样的校本教材对小学教师来说，挑战巨大，勇气可嘉。从2012年至今，教材在试用过程中反复修订，反复试用，不断有新教师加入课程的建设中来。回顾本书的编写过程，无数个放弃休息的酷暑，反复尝试的校内外课堂实践，从一片迷茫到逐渐明晰的过程，从忙碌探索的疲倦到收获成果的愉悦，都值

得所有编写人员珍藏、回味。它也是天心岛人自我成长和学校迈步向前的缩影。

  本教材结合厦门地方特色和资源，体现学生的信息搜集与应用能力，体现实践性、探究性，将其作为学生学习海洋知识的媒介，开展研究性学习、综合实践活动。教师在使用时，不必拘泥于教材文本，可进行课程的二次开发，灵活实施。

  本书编写中得到自然资源部第三海洋研究所和厦门市海洋渔业局领导、专家的指导，他们对教材的修改字斟句酌，一丝不苟；厦门市教育局、海沧区教育局、海沧区教师进修学校一直关心与支持校本课程的建设，在学校举办校本课程建设现场会，推进海洋校本课程的实施。在此一并感谢。

  由于编者水平有限，本书难免存在瑕疵和争议，恳请专家、同行不吝指教，并请同学们在学习、探索中提出宝贵意见。书中参考使用了部分文字与图片，由于权源不详，未能与著作权人取得联系，在此表示由衷歉意。

编者